Diventare mentalmente resistente nel Bodybuilding utilizzando la meditazione:

Raggiungi il tuo potenziale controllando i tuoi pensieri interiori

Di

Joseph Correa

Istruttore di Meditazione Certificato

DIRITTI D'AUTORE

© 2016 Finibi Inc

Tutti i diritti riservati

La riproduzione o la traduzione di qualsiasi parte di questo lavoro al di là di quanto consentito dalla sezione 107 o 108 degli Stati Uniti Copyright 1976, senza l'autorizzazione del titolare dei diritti è illegale.

La presente pubblicazione è stata progettata per fornire informazioni accurate e autorevoli in materia di

Il tema trattato. Viene venduto con la consapevolezza che né l'autore né l'editore si impegnano a fornire consulenza medica. In caso di consultazione o di assistenza medica, consultare un medico. Questo libro è considerato una guida e non deve essere utilizzato in alcun modo che possa essere dannoso per la salute. Consultare un medico prima di iniziare questo piano nutrizionale per assicurarsi che sia giusto per te.

RINGRAZIAMENTI

Ai miei amici e la famiglia che mi hanno motivato per il raggiungimento dei miei sogni.

INDICE

Diritti D'Autore

Ringraziamenti

Cenni sull'autore

Introduzione

Che cosa è la meditazione?

CAPITOLO 1: IN CHE MODO LA MEDITAZIONE PUO' AIUTARTI?

CAPITOLO 2: COSA POSSONO RICAVARE I BODYBUILDER DALLA MEDITAZIONE?

CAPITOLO 3: I MIGLIORI TIPI DI MEDITAZIONE PER I BODYBUILDER

CAPITOLO 4: COME PREPARARTI PER LA MEDITAZIONE

CAPITOLO 5: ESERCIZI PER POTENZIARE LA PERFORMANCE DI RESPIRAZIONE CHE TUTTI I BODYBUILDER DOVREBBERO IMPARARE PER MEDITARE

CAPITOLO 6: DIETA E MEDITAZIONE PER I BODYBUILDER

CAPITOLO 7: IL POTERE DELLA VISUALIZZAZIONE PER I BODYBUILDER

CAPITOLO 8: MEDITARE PER IL MASSIMO RISULTATO NEL BODYBUILDING

CAPITOLO 9: MEDITARE PER LA FORZA EMOTIVA

CAPITOLO 10: MEDITARE PER LA FORZA MENTALE

CAPITOLO 11: MEDITARE PER LA RISOLUZIONE DEI PROBLEMI

COMMENTI FINALI

ALTRI TITOLI DI QUESTO AUTORE

Diventare mentalmente resistente nel Bodybuilding utilizzando la meditazione:

Raggiungi il tuo potenziale controllando i tuoi pensieri interiori

Di

Joseph Correa

Istruttore di Meditazione Certificato

CENNI SULL'AUTORE

Come istruttore di meditazione certificato, io sono un convinto sostenitore del potere che può essere sfruttato dalla mente.

Dopo aver giocato come atleta professionista, ho capito che cosa passa per la mente e come i nervi e la pressione possano influenzare le prestazioni.

I tre più grandi cambiamenti nella mia vita si sono verificati nel passaggio da una modalità di allenamento con i pesi ad altre basate sulla nutrizione, per una migliore flessibilità, e **un contesto di concentrazione mentale,** che hanno avuto un significativo cambiamento nella mia prestazione e nella mia vita.

La meditazione e la visualizzazione mi hanno aiutato a controllare le mie emozioni e simulare competizioni dal vivo prima ancora di farle.

L'aggiunta dello yoga e periodi prolungati di stretching hanno ridotto le mie ferite quasi a zero e hanno migliorato la mia reazione e la velocità.

Migliorare la mia alimentazione è quello che mi ha permesso di continuare a svolgere il mio sport in condizioni climatiche difficili, che in passato mi avevano causato crampi e dolori muscolari.

Di gran lunga, la meditazione e la visualizzazione cambierà tutto, non importa quale sia la tua disciplina atletica. Vedrai quanto potente sia una volta che le dedicherai più tempo, un minimo di 10 minuti al giorno per la respirazione, raggruppare i pensieri, e concentrarti.

La mia conoscenza e la costante pratica della meditazione e visualizzazione mi ha aiutato a vivere in modo sano e più forte nel corso degli anni, e mi ha beneficiato in tutti gli aspetti della vita. Quanto più si usa il cervello per sviluppare se stessi e tutto ciò che è possibile ottenere, più si vorrà continuare a praticare la meditazione e la visualizzazione.

Sblocca il tuo vero potenziale con l'apprendimento e la pratica di meditazione e visualizzazione a partire proprio da ora!

INTRODUZIONE

La meditazione è uno dei modi migliori per raggiungere il tuo vero potenziale. Mangiare correttamente ed il costante allenamento sono due dei pezzi del puzzle, ma è necessario il terzo pezzo per raggiungere il tuo vero potenziale. Il terzo pezzo è la stabilità mentale che può essere ottenuta attraverso la meditazione.

I bodybuilder che praticano la meditazione regolarmente si troveranno ad essere:

- Più fiduciosi durante la competizione.

- Con livelli di stress ridotti.

- Più capaci a concentrarsi per lunghi periodi di tempo.

- Affaticamento muscolare inferiore.

- Tempi di recupero più veloci dopo la gara o l'allenamento.

- Migliore approccio al nervosismo.

- Controllo eccezionale delle emozioni sotto pressione.

Che altro si può chiedere come giocatore di Bodybuilding?

Quando vogliono sbloccare il loro vero potenziale, la maggior parte dei bodybuilder si concentra su obiettivi fisici e nutrizionali, ma spesso trascura il potenziale interiore attraverso pratiche come la meditazione e visualizzazione. E' pensiero comune voler vedere i benefici fisici attraverso l'esercizio, ma quello che molti bodybuilder non sanno è che la meditazione ha dimostrato di migliorare la salute fisica e le prestazioni.

Per raggiungere prestazioni elevate è necessario allenare e stimolare il corpo e la mente. Il non tener conto di questo può essere il motivo principale per cui alcuni bodybuilder hanno difficoltà a raggiungere il livello successivo. Per fare del tuo meglio è necessario accettare che il corpo e la mente siano complementari al tuo completamento.

La meditazione come esercizio per la mente aiuta a rafforzarla così come va a rafforzare il tuo corpo, costantemente in evoluzione con la pratica.

Esercizio fisico, buona alimentazione, e meditazione sono le tre chiavi per raggiungere uno stato di prestazione ottimale. La maggior parte dei bodybuilder non prestano più attenzione alla meditazione come dovrebbero, perché si preoccupano per lo più dell'aspetto fisico e come gli altri lo percepiscono.

I risultati, nella meditazione, non sono qualcosa che si vedrà fisicamente, ma piuttosto nel modo in cui ti senti e nella tua nuova capacità di controllare i tuoi pensieri e le emozioni. Avviando le tue sessioni di meditazione in modo disciplinato e coerente, noterai miglioramenti significativi nel modo in cui andari ad affrontare ansia, pressione, e stress che sono tre dei principali problemi che la maggior parte dei bodybuilder ha difficoltà a superare nella vita o quando cerca di raggiungere il vero potenziale.

Cambia la tua vita e inizia a utilizzare la meditazione per superare i tuoi limiti e per liberarti di loro!

Che cos'è la meditazione?

La meditazione è uno stato d'animo in cui si sta riflettendo o pensando a qualcosa con una mente rilassata. La meditazione e il pensiero normale sono due cose diverse. Attraverso la meditazione si raggiunge uno stato molto più elevato di concentrazione in cui nulla offusca la mente o interagisce con i tuoi pensieri.

La mediazione richiede molta più concentrazione ed è per questo che è così importante essere in un ambiente privo di distrazioni, dove i rumori esterni non interromperanno la tua attenzione.

I tuoi pensieri normali possono durare per alcuni secondi, ma durante la meditazione quei pensieri ed il processo di rilassamento sono destinati a durare da 5 minuti a tutto il tempo che vuoi.

I pensieri possono essere molti, ma la meditazione si concentra su un pensiero alla volta. A volte, usi la meditazione per focalizzare il pensiero e avere uno stato mentale chiaro.

La meditazione può essere utilizzata per scopi religiosi o non religiosi, ma in questo libro sarà utilizzata solo per scopi non religiosi.

È possibile utilizzare la meditazione in qualsiasi momento durante il giorno o di notte, quando senti il bisogno di calmarti e trovare uno stato emotivo più equilibrato mentalmente.

Quando si diventa un po' più esperti in questo campo, lo stato d'animo rilassato giungerà più velocemente perché le distrazioni saranno bloccate in modo automatico, e questo ti permetterà di concentrarti molto prima.

Nella meditazione si lasciano all'esterno i pensieri negativi che interferiscono, situazioni stressanti, o eventuali fattori che ti interrompono quando si sta cercando di raggiungere uno stato molto più alto e più profondo su tutte le idee alle quali stai lavorando.

Per massimizzare il potenziale è necessario essere in grado di calmare la mente e lasciare le distrazioni mentali fuori dalla testa e lasciare che la tua mente superi eventuali ostacoli intermedi.

CAPITOLO 1: IN CHE MODO LA MEDITAZIONE PUO' AIUTARTI?

I benefici della meditazione possono essere suddivisi tra benefici fisici, mentali, emotivi e spirituali, come si vedrà.

Non importa se sei alto, insomma, intelligente, o lento, la meditazione è per chi vuole migliorare se stesso.

Trovo che emotivamente, la meditazione sia meravigliosa, ma ognuno è diverso e potresti migliorare un aspetto della tua vita più di altri.

La meditazione ha dimostrato di aiutare a ridurre l'ansia, e poiché l'ansia e lo stress sono alcuni dei più gravi problemi mentali che colpiscono i bodybuilder di tutto il mondo, questo è un tema importante. La meditazione previene un processo complessivo di stress e ansia e li fa superare al meglio per eliminarli il più possibile dalla nostra vita.

In realtà, la meditazione è uno dei modi migliori per controllare lo stress e ridurre i problemi di salute che sorgono a causa di esso. Lo stress può causare mancanza di sonno e una riduzione dei livelli di energia che interesserà il tuo atteggiamento, la performance sul lavoro, la pazienza e la tolleranza.

La meditazione è una delle tecniche di maggior stimolazione del controllo, quindi si può facilmente iniziare ad aggiungerla alla tua vita e iniziare a sentirti più sano e migliore, giorno dopo giorno.

Benefici fisici

Quando la maggior parte degli atleti pensano a qualcosa che migliori le prestazioni fisiche, i loro pensieri tendono a palesarsi sotto forma di esercizi atletici. Questo potrebbe includere attività come: corsa, bodybuilding, nuoto, passeggiate, pesistica. E' normale pensare agli esercizi fisici come una soluzione per migliorare la tua salute fisica, ma i benefici fisici si possono ottenere in modi diversi e la meditazione lo dimostra.

Alcuni dei miglioramenti fisici che si possono avere dopo aver meditato sono:

1. **La tua capacità di ridurre la frequenza cardiaca** per aiutare a controllare le tue emozioni al meglio. Stress e ansia hanno una tendenza ad aumentare i battiti del tuo cuore. Essere in grado di controllare questo sarà molto utile ci si sente sotto pressione costante.

2. **La capacità di ridurre la pressione sanguigna.** Oltre a ridurre la frequenza cardiaca, la meditazione ti aiuterà anche con la pressione sanguigna. Alti livelli di pressione del sangue equivalgono a un rischio maggiore di malattie cardiache e ictus. Troppe cose nel nostro ambiente, in particolare il cibo, tendono ad aumentare la pressione sanguigna. Avere uno strumento potente come la meditazione al tuo fianco ti aiuterà a superare tutto questo.

3. **La tua capacità di controllare le tensioni muscolari.** I bodybuilder che lavorano molto con i muscoli di solito saranno più inclini ad affrontare squilibri muscolari e subiranno strappi muscolari molto più spesso rispetto alle

persone che hanno imparato a rilassare i muscoli. I bodybuilder si riprenderanno molto più velocemente e si sentiranno meno stanchi dopo aver meditato. Quando si riduce la tensione, i muscoli si riprenderanno più velocemente a causa del miglioramento della qualità del riposo e questo aumenterà anche le prestazioni fisiche. I bodybuilder che competono ad alti livelli, non dovrebbero trascurare questo beneficio.

4. **La tua capacità di mantenere la calma in situazioni di stress.** Essere in grado di controllare le proprie emozioni al meglio ti aiuterà a mantenere la calma quando le cose non andranno per il verso giusto o quando gli accadimenti ti stresseranno.

5. **Un approccio migliore verso l'ansia e la paura.** La maggior parte dei bodybuilder si trovano a preoccuparsi di meno ed essere più sicuri nel fare le cose dopo che sono stati in grado di rifletterci a livello mentale. Questo ti preparerà meglio e ti farà sentire più sicuro.

6. **La tua capacità di rafforzare il sistema immunitario.** Essere meno stressato, meno preoccupato, avendo livelli di pressione sanguigna più bassi, e un riposo migliore, sono tutti elementi che ti aiuteranno a sentirti più forte, più sano e più energico che mai.

7. **Maggiore capacità di recuperare dopo l'allenamento fisico.** La meditazione può aiutare a rafforzare il tempo di risposta del sistema immunitario, e questo a sua volta ti può aiutare a recuperare più velocemente da sessioni di allenamento pesanti. Se il tuo

sistema immunitario è debole, come è normale che sia quando sei costantemente sotto pressione, sempre di fretta, e seriamente stressato, questo può farti sentire più stanco e ti renderà più difficile riprenderti dopo una sessione di. Praticando la meditazione su base giornaliera, vedrai un più rapido aumento del tasso di recupero che ti permetterà di essere pronto prima e di tornare agli allenamenti con maggiore energia.

Questi erano alcuni dei benefici fisici più comuni che vedrai e sentirai praticando la meditazione. Noterai che la meditazione richiede poco o nessun movimento, ma non pensare che non ti influenzerà in modo fisico.

Benefici Mentali

Come puoi immaginare, i benefici mentali e psicologici della meditazione tendono ad essere ancora più potenti, in quanto si tratta in gran parte di una pratica per la tua forma mentale.

Alcuni dei benefici mentali principali della meditazione sono:

1. **Approccio migliore verso la rabbia.** Alcuni bodybuilder tendono ad arrabbiarsi molto facilmente, a volte per nessuna ragione al mondo. Il primo vantaggio mentale che vedrai sarà un livello ridotto di rabbia e aggressività. Questo perché ti sentirai più controllato nelle tue azioni. Ci sarà meno probabilità di lasciare che le tue emozioni riescano a sopraffarti. Per coloro che tendono ad essere molto aggressivi su base giornaliera, è possibile

utilizzare la meditazione per calmare questi sentimenti negativi prima che sfuggano di mano.

2. **Capacità di concentrazione migliorata.** La meditazione può aiutare a concentrarti per lunghi momenti, con periodi di concentrazione di alta qualità. Questo è uno dei principali vantaggi che si possono ottenere dalla meditazione e che non deve essere trascurato. Non essere in grado di bloccare le distrazioni e rimanere concentrato sull'azione da compiere può essere un grosso ostacolo che la meditazione ti aiuterà a superare.

3. **Maggiore fiducia in te stesso.** La maggior parte dei bodybuilder che si allenano regolarmente attraverso la meditazione spesso dicono di sentirsi più sicuri. La fiducia in se stessi deriva dal sentirsi meglio e dall'avere maggiore controllo sugli eventi specifici nella tua vita. Quando si dispone di più autostima, essa gioverà in tutto quello che fai, sia interagendo con gli altri o per raggiungere i tuoi obiettivi. La meditazione può farti sentire responsabilizzato e forte. Per la maggior parte degli atleti, la riduzione dello stress da sola è una sufficiente motivazione per praticare la meditazione ogni giorno.

4. **Ti sentirai più rilassato.** Il processo di respirazione con occhi chiusi in combinazione con il pensiero mirato ti aiuterà a sentirti più calmo e più rilassato.

Questo libro non affronterà i benefici spirituali che si possono ottenere attraverso la meditazione, ma se sei interessato a questo argomento, puoi fare alcune ricerche in merito.

CAPITOLO 2: COSA POSSONO RICAVARE I BODYBUILDER DALLA MEDITAZIONE?

La meditazione può essere utilizzata da bodybuilder per motivi diversi: lo stress, l'ansia, la concentrazione, i nervi, ecc. I bodybuilder possono beneficiare della meditazione guadagnando un ritmo più celere di recupero che è fondamentale quando cercano di spingere loro stessi al livello successivo come prestazioni. Le sessioni di allenamento saranno più intense e di qualità superiore grazie al livello di concentrazione migliorato a causa della riduzione della fatica nei muscoli. La maggior parte dei bodybuilder potranno notare una riduzione del nervosismo prima e durante la competizione che li aiuterà a competere meglio e con maggiore fiducia.

Una volta che inizierai a meditare in maniera regolare, troverai una maggiore capacità di concentrazione e di messa a fuoco, quando arriverà il momento di lavorare sotto pressione e in condizioni impreviste. Aumentando la capacità di concentrazione arriverai ad un livello ancora più elevato di prestazioni.

I bodybuilder con il rischio di malattie cardiache possono beneficiare in modo significativo della meditazione. I medici possono prescrivere più meditazione e meno farmaci, che può essere visto come la normalità per alcuni e cambiare la vita ad altri. Semplicemente riducendo la quantità di stress un giocatore di Bodybuilding è esposto a ogni giorno ad una minore pressione arteriosa, migliorando contemporaneamente la competitività essendo in grado di effettuare allenamenti più intensi. Alcuni bodybuilder hanno scoperto che la meditazione può spesso aiutare a controllare le abbuffate di cibo dovute allo stress, di cui si parla poco, ma che sono un grosso deterrente per le grandi prestazioni in campo. I bodybuilder spesso riescono a prendere il controllo della propria vita dopo aver ripetuto molte sessioni di meditazione, che riducono lo stress come beneficio diretto, limitando indirettamente il rischio di malattie cardiache.

La perdita di peso è un obiettivo comune a causa della scarsa pianificazione di una dieta corretta, per mancanza di disciplina o per cattive abitudini. La meditazione può effettivamente aiutare a RIDURRE IL PESO quando l'eccesso di cibo è dovuto allo stress.

I bodybuilder che cercano di cambiare le cattive abitudini avranno difficoltà a passare dai loro vecchi metodi per iniziare un nuovo percorso. Fumare, bere alcolici, nervosismo, arrabbiarsi, e altre abitudini negative possono essere controllate tramite la meditazione, e quindi anche a ridurre l'appetito. Quando queste cattive abitudini si sono sviluppate a causa di rabbia e ansia, esistono alcune tecniche di respirazione atte alla concentrazione per il superamento dei propri scogli interiori, ed è una tecnica molto potente che è meno evidente ma molto rilevante, in questi casi.

I bodybuilder che soffrono di depressione o ansia soffrono anche di stress in quanto è un connubio dei primi due. Pessimi stati di salute possono essere notevolmente migliorati attraverso la pratica della meditazione su base regolare. Quando pratichi la meditazione riuscirai ad avere un maggior controllo dell'umore e ti sentirai più positivo verso il futuro. Molti bodybuilder si preoccupano troppo del risultato o degli esiti passati, che sono irrilevanti ai fini della competizione mentre dovrebbero prendersi del tempo per massimizzare il potenziale del momento attraverso una migliore nutrizione e la meditazione. Se il tuo obiettivo è quello di controllare i tuoi pensieri e le emozioni, ti accorgerai che meditare ti calma parecchio e ti permette di non sentirti sopraffatto da situazioni impegnative.

CAPITOLO 3: I MIGLIORI TIPI DI MEDITAZIONE PER I BODYBUILDER

Consapevolezza

Attraverso la consapevolezza, i bodybuilder dovrebbero riportare nel presente ogni pensiero che si insinua nelle loro menti.

Questo tipo di meditazione insegna a prendere coscienza dei tuoi modelli di respirazione, attraverso tecniche differenti, ma non cercherà in alcun modo di cambiarla. Questa è una forma passiva di meditazione, rispetto ad altre forme più attive che richiederanno un cambiamento nei modelli di respirazione. La consapevolezza è uno dei tipi più comuni di meditazione utilizzati nel mondo e dal quale tutti gli atleti possono trarre beneficio.

Meditazione Focalizzata

I bodybuilder attraverso la meditazione dirigono i loro pensieri verso un problema specifico, un'emozione, o una questione che vogliono mettere a fuoco per trovare una soluzione.

Inizia a svuotare la mente da tutte le distrazioni e poi prenditi un po' di tempo per concentrarti solamente su un suono, un oggetto o un pensiero. Devi tentare mettere a fuoco il più a lungo possibile questo stato d'animo, dove potrai reindirizzare la tua concentrazione verso un obiettivo che vuoi raggiungere.

A te la scelta, se desideri lavorare attraverso un pensiero oggettivo, oppure focalizzarti su un suono iniziale, per poi passare ad altro.

Il movimento della meditazione

Si tratta di un'altra forma di meditazione che dovresti provare. Questo è un tipo di meditazione in cui ti concentri sui tuoi modelli di respirazione, spostando l'aria dentro e fuori i polmoni, mentre disegni in aria dei movimenti ripetitivi (con le mani). Potresti inizialmente sentirti a disagio muovendoti con gli occhi chiusi, ma con il tempo noterai che in realtà è molto rilassante e ti aiuterà a migliorare la tua salute generale.

Una mente connessa al corpo sarà ottimizzata in questo tipo di meditazione, soprattutto per le persone che hanno difficoltà a stare ferme e preferiscono muoversi con gesti fluidi e naturali. Questi movimenti devono essere lenti e ripetitivi. Più controllato sono, meglio è. Facendo movimenti rapidi, o violenti, annullerai il vantaggio di meditare.

Le persone che praticano yoga spesso trovano questa forma di meditazione ottima, come è un buon complimento, e simile alla respirazione yoga e agli esercizi di movimento. Entrambi migliorano il controllo su se stessi e sui pensieri. Per le persone che non hanno mai fatto yoga prima e hanno già fatto il movimento di meditazione, scopriranno che il riscaldamento con alcuni esercizi basati sullo yoga spesso possono aiutare a facilitare il movimento della meditazione. L'obiettivo è quello di entrare in uno stato meditativo più rapido e lo yoga permetterà sicuramente di farlo in modo naturale. Ma mentre lo yoga si concentra di più sul miglioramento della flessibilità e di sviluppare la forza muscolare, il movimento della meditazione è diretto verso uno stato mentale ed ai modelli di respirazione lenta.

Meditazione Mantra

Il Mantra aiuta a concentrarti meglio sui tuoi pensieri per liberare la mente e massimizzare l'effetto della meditazione.

Durante la meditazione mantra citerai il mantra più e più volte, per seguire questo processo meditativo.

Un mantra potrebbe essere un suono, una frase o una preghiera recitata più e più volte.

Non ci concentreremo sulla meditazione spirituale, che è un altro tipo di meditazione, oltre a quelli già citati.

Ognuno è diverso e quindi non dovrai concentrarti su un solo tipo di meditazione per raggiungere i tuoi obiettivi. Potrai utilizzare una o più forme di meditazione e in ordine diverso.

CAPITOLO 4: COME PREPARARTI PER LA MEDITAZIONE

Una volta che sai che tipo di meditazione eseguirai, è necessario sapere come prepararti per meditare. Assicurati di non avere fretta di giungere al processo di meditazione, altrimenti ne ridurrai certamente i benefici.

EQUIPAGGIAMENTO: Posiziona un tappetino, coperta, asciugamano, o la sedia dove si prevede di meditare.

Alcune persone preferiscono usare un asciugamano (che è ottimo quando si viaggia o fuori città), o un tappetino per sedersi o stare sulla schiena. Altri preferiscono sedersi su una sedia per avere una posizione stabile che ti aiuterà a non addormentarti se ti senti troppo rilassato.

Io preferisco sedermi su una stuoia di yoga in quanto è una posizione che ritengo mi aiuti a concentrarmi ed a rilassarmi. A volte mi scaldo con lo yoga o lo stretching statico così ho già la mia stuoia pronta, ma quando sono in viaggio utilizzo semplicemente un telo abbastanza grosso.

Stare comodi è molto importante per essere nel giusto stato d'animo, per partire nel modo e con l'attrezzatura più corretti.

TEMPO: Decidi in anticipo quanto tempo dedicherai alla meditazione

Assicurati di decidere in anticipo per quanto tempo hai intenzione di meditare, e con quale scopo. Per qualcosa di semplice come la concentrazione sui pensieri positivi o sulla respirazione, è possibile pianificare una breve sessione di circa 5 - 15 minuti. Mentre se hai intenzione di concentrarti su un problema e vuoi cercare di trovare una soluzione, potresti dover pianificare una sessione abbastanza lunga, per rilassarti e quindi concentrarti sulle varie soluzioni alternative al problema contingente. Questo potrebbe richiedere dai 10 minuti a un'ora o più, a seconda del tuo livello di esperienza nella meditazione o può anche dipendere da quanto tempo ti ci vuole per arrivare ad uno stato d'animo rilassato che ti permetterà di mettere a fuoco abbastanza bene il problema.

Prenditi cura di possibili distrazioni in anticipo, come ad esempio: la fame, i bambini che entrano in stanza, andare in bagno, ecc. Potrai così rimanere nella stessa posizione fino alla fine.

POSIZIONE: Trovare uno spazio pulito, tranquillo e confortevole per meditare

Trova un posto dove ti puoi rilassare completamente e liberare la mente senza interruzioni. Questo può essere ovunque ti trovi bene e dove potrai raggiungere questo stato d'animo rilassato. Potrebbe essere sul prato in un parco, a casa nella tua camera, in bagno, in una stanza vuota e tranquilla, o da solo in auto. Questo è completamente a tua scelta. Assicurati di non scegliere un luogo dove qualcuno lavora vicino a te o dove ci può essere un cellulare che continua a squillare o vibrare. Spegni il tuo smartphone! E' impossibile ottenere i risultati desiderati avendo distrazioni costanti e oggi come oggi le principali distrazioni sono proprio i telefonini.

La posizione scelta dovrebbe avere queste cose in comune: tranquilla, pulita, e deve essere a temperatura ambiente fresca (troppo caldo ti farà addormentare e troppo freddo ti farà muovere continuamente), e senza distrazioni.

PREPARAZIONE: Prepara il tuo corpo per meditare

Prima di meditare assicurati di fare tutto ciò che è necessario per avere un corpo rilassato e pronto. Potrebbe essere una bella doccia rilassante, o indossare abiti comodi ecc.

Assicurati di mangiare almeno 30 minuti prima di iniziare in modo da non sentire la fame o avere lo stomaco troppo pieno. Un pasto leggero sarebbe l'ideale come preparazione. L'importanza della nutrizione corretta sarà trattata in un altro capitolo.

RISCALDAMENTO: Pratica lo Yoga o lo stretching in anticipo per iniziare a rilassarti.

Per alcuni che hanno già fatto yoga in passato, è già noto quanto possa essere rilassante. Per chi non ha mai fatto yoga, sarebbe un buon momento per iniziare dal momento che porterà ad un rilassamento più veloce. Non è necessario fare yoga prima della meditazione ma aiuterebbe al fine di massimizzare gli effetti e di accelerare il processo di distensione per iniziare con il giusto stato d'animo. Lo stretching è un'altra buona alternativa, in quanto l'allungamento dei muscoli combinato con alcuni esercizi di respirazione ti aiuterà a calmarti ed a sentirti a tuo agio.

MENTALITA': Fai qualche respirazione profonda per iniziare a calmarti

La respirazione è facile, ma praticarla richiede più tempo. I benefici delle tecniche di respirazione sono molteplici.

La maggior parte dei bodybuilder si troveranno a recuperare più velocemente dopo momenti intensi. Essi potranno anche notare che sono in grado di rimanere concentrati anche quando hanno il fiatone. I bodybuilder hanno bisogno di imparare a respirare! I bodybuilder devono concentrarsi sul movimento dell'aria dentro e fuori ai polmoni, prestare attenzione al modo in cui il corpo si espande e si contrae. Devono sentire l'aria che si muove dentro e fuori il naso e la bocca, questo ti aiuterà a sentirti più rilassato ed è il modo corretto di concentrarsi sulla respirazione. Ogni volta che inspiri ed espiri devi concentrarti ed entrare in uno stato di profondo rilassamento. Ogni volta che l'ossigeno riempie i polmoni, il tuo corpo si sente più eccitato e pieno di emozioni positive.

AMBIENTE: Aggiungi un po' di musica meditativa o rilassante in sottofondo solo se non diventa una distrazione.

Se la musica meditativa ti aiuta a ottenere uno stato di rilassamento inseriscila nella tua sessione di meditazione. Tutto ciò che ti consente di ottenere uno stato più concentrato e rilassato deve essere utilizzato, compresa la musica.

Se ti senti in grado di liberare la mente senza suoni o musiche, allora non aggiungerli al tuo ambiente meditativo.

Io di solito non aggiungo la musica semplicemente perché trovo che mi porti in altre direzioni dove non sempre ho voglia di andare, dal momento che alcuni tipi di musica mi riportano ad altri pensieri e idee. Questo vale solo per me, ma forse non per te. Prova entrambe le opzioni per vedere cosa funziona meglio per te. Alcuni bodybuilder ascoltano la musica prima della competizione in quanto ritengono che li faccia rilassare o che crei la giusta atmosfera. Trova quello che funziona per te e seguilo.

LE POSIZIONI MEDITATIVE

Quando si tratta di meditare, la posizione è fondamentale. Non vi è alcuna posizione giusta o sbagliata, solo quella che ti fa stare più concentrato. Alcune persone preferiscono stare sedute su una sedia per avere maggiore supporto alla schiena, altri preferiscono stare per terra sopra un asciugamano.

Per le persone che sono meno flessibili la posizione del loto potrebbe essere sbagliata, per non sentirsi troppo a disagio nel mantenerla per un lungo periodo di tempo. Ancora una volta, assicurati di rimanere nella stessa posizione per tutto il tempo, oppure scegli un'altra posizione.

Posizione seduta

Trova semplicemente una sedia comoda che ti permetta di concentrarti senza provare disagio e senza eccedere nel rilassamento, evitando il rischio di addormentarti. Tieni la schiena diritta ed i piedi sul pavimento, per evitare dolori futuri. Alcune persone preferiscono aggiungere un cuscino morbido alla seduta per sentirsi più a loro agio.

In ginocchio sul pavimento

Devi stare senza scarpe e senza calzini per inginocchiarti a terra. Posizionati sopra un panno morbido, con le anche sopra i talloni e le dita dei piedi che sfiorano il pavimento. La schiena deve essere dritta e rilassata permettere ai polmoni di espandersi e contrarsi quanto necessario. Devi creare una forte connessione attraverso la respirazione, e per fare questo, l'aria deve andare dentro e fuori i polmoni con un movimento fluido.

Posizione del Birmano

La posizione birmana è simile ad una posizione di stretching a farfalla ma con una modifica ai piedi. Siediti sul pavimento e apri le gambe, poi piega le ginocchia portando i piedi verso la parte interna delle gambe. Un piede dovrebbe essere di fronte all'altro. Le ginocchia dovrebbero stare verso il basso. Se non ti trovi a tuo agio, scegli un altro tipo di posizione, tra le varie opzioni. Le mani devono stendersi lungo i fianchi oppure tenendosi incrociando le dita. La schiena deve essere dritta e la fronte inclinata leggermente verso l'alto e in avanti per consentire di prendere aria e rilasciarla in maniera piena e totale. Si tratta di una posizione di meditazione avanzata, quindi non è necessario iniziare con questa a meno che non ti senta completamente a tuo agio.

Posizione del Lotus

La posizione del Lotus è molto simile alla posizione precedente ma con una piccola modifica. Avrai bisogno di portare i piedi verso la parte superiore delle cosce, le mani avranno la stessa posizione rispetto a quella del Birmano.

Le mie ginocchia mi fanno male in questa posizione e quindi non la utilizzo nelle mie sessioni, ma sei libero di provarla finché non ti causa dolore fisico. Se senti dolore sarai distratto e non riuscirai a respirare in modo calmo e controllato. Se non ti piace questa posizione, è sufficiente selezionarne un'altra.

Posizione supina

Adagiati sul tappeto, asciugamano, o coperta e rilassa i piedi e le mani. Le mani devono stare lungo i fianchi ed i piedi verso l'alto o verso l'esterno. Le mani possono essere posate sullo stomaco in modo delicato, oppure lungo i fianchi. La testa deve rimanere di fronte al soffitto o al cielo. Se la inclini da un lato, non riuscirai a mantenere la concentrazione per tanto tempo e ti potrebbe far male al collo. Questa è una posizione ideale per meditare (se fatta correttamente) a meno che non ti faccia addirittura addormentare. Nel caso, cambia posizione.

Posizione Farfalla

In questa posizione è necessario sedersi sul tappeto o un asciugamano, aprire le gambe e poi unire le piante dei piedi una contro l'altra. Le ginocchia possono puntare più verso l'alto o verso il basso, non importa, basta stare comodi e rilassarsi. La spina dorsale deve essere diritta.

CAPITOLO 5: ESERCIZI PER POTENZIARE LA PERFORMANCE DI RESPIRAZIONE CHE TUTTI I BODYBUILDER DOVREBBERO IMPARARE PER MEDITARE

I modelli di respirazione saranno la chiave per impostare il ritmo della tua sessione di meditazione e anche per entrare in uno stato di iper concentrazione.

Con la consapevolezza si rimane maggiormente concentrati, ma dovrai essere anche consapevole del tuo respiro. Il tuo obiettivo non dovrebbe essere quello di controllare il respiro, ma di sentire semplicemente il passaggio di aria nei polmoni e poi al di fuori, nell'ambiente circostante. Il processo di respirazione dentro e fuori deve essere fatto solo attraverso il naso per questo specifico tipo di meditazione, ma non deve essere utilizzato per le altre forme di meditazione.

Per il resto, si vuole prestare attenzione a modelli di respirazione e mantenerli per tutta la sessione. Tutti i modelli di respirazione devono essere effettuati inspirando dal naso ed espirando dalla bocca (tranne quando si fa meditazione di consapevolezza).

Al fine di ottenere uno stato migliore, la frequenza cardiaca deve scendere, e per fare questo, la respirazione sarà essenziale. I modelli che si utilizzano faciliteranno questo processo per aiutarti a raggiungere i livelli più elevati di concentrazione. Con la pratica questi modelli di respirazione diventeranno parte di te. Decidi in anticipo se i modelli di respirazione lenti sono migliori per te o se la respirazione veloce sarà quello che ti serve. I modelli di respirazione lenta rilassano mentre quelli di respirazione veloce eccitano.

MODELLI DI RESPIRAZIONE LENTA

Al fine di rallentare la respirazione è necessario inspirare lentamente e trattenere l'aria per qualche tempo, per poi rilasciarla, sempre lentamente. Per i bodybuilder, questo tipo di respirazione è ottima per rilassarsi dopo l'allenamento o circa un'ora prima della gara. Diverse sessioni di respirazione lenta influenzeranno il tuo livello di relax, e anche la capacità di raggiungere un livello ottimale di meditazione.

Modello di respirazione lenta normale: Inizia inspirando l'aria attraverso il naso lentamente e contando fino a 5. Poi, rilasciala lentamente contando da 5 a 1. Dovresti ripetere questo processo da 4 a 10 volte finché non ti senti completamente rilassato e pronto a concentrarti. I bodybuilder dovrebbero concentrarsi sulla respirazione attraverso il naso e la bocca per questo tipo di modello di respirazione.

Modello di respirazione lenta estesa: Inizia prendendo l'aria attraverso il naso lentamente e contando fino a 7. Poi, rilascia l'aria lentamente contando indietro da 7 a 1 espirando attraverso la bocca. Dovresti ripetere questo processo da 4 a 6 volte finché non ti senti completamente rilassato e pronto a meditare.

Modello di respirazione lenta per i Bodybuilder iperattivi: Inizia prendendo l'aria attraverso il naso lentamente e contando fino a 3. Poi, rilasciala lentamente contando indietro da 6 a 1 espirando attraverso la bocca. Dovresti ripetere questo processo da 4 a 6 volte fino a quando ti senti rilassato e pronto a meditare. Questo modello ti costringerà a rallentare completamente. L'ultima ripetizione di questa sequenza deve terminare con 4 secondi dentro e 4 secondi fuori per stabilizzare la respirazione.

Modello di respirazione ultra lento: Inizia prendendo l'aria attraverso il naso lentamente e contando fino a 4. Poi, rilasciala lentamente contando indietro da 10 a 1 espirando attraverso la bocca. Dovresti ripetere questo processo da 4 a 6 volte finché non ti senti completamente rilassato e pronto a meditare. Questo modello ti costringerà a rallentare gradualmente. Le ultime 2 ripetizioni di questa sequenza devono terminare con 4 secondi dentro e 4 secondi fuori per stabilizzare la respirazione e l'equilibrio dell'aria.

Stabilizzare i modelli di respirazione prima di meditare: Questo è un buon tipo di modello di respirazione che deve essere utilizzato se ti senti già calmo e desideri iniziare immediatamente meditare. Inizia prendendo l'aria attraverso il naso lentamente e contando fino a 3. Poi, rilasciala lentamente contando indietro da 3 a 1. Dovresti ripetere questo processo da 7 a 10 volte finché non ti senti completamente rilassato e pronto a mettere a fuoco. I bodybuilder dovrebbero concentrarsi sulla respirazione attraverso il naso e la bocca per questo tipo di modello di respirazione.

MODELLI DI RESPIRAZIONE VELOCE

I modelli di respirazione veloce sono molto importanti per i bodybuilder, al fine di essere eccitati e pronti a competere. Anche se questo tipo di modello di respirazione è più efficace durante la visualizzazione, sarà altrettanto utile per la meditazione. Per i bodybuilder che sono molto tranquilli e hanno bisogno di sentirsi più forti nella loro mente potrebbero utilizzare questi modelli per arrivare pronti alla meditazione.

Modello di respirazione veloce normale: Inizia prendendo l'aria attraverso il naso lentamente e contando fino a 5. Poi, rilasciala lentamente contando indietro da 3 a 1. Dovresti ripetere questo processo da 6 a 10 volte finché non ti senti completamente rilassato e pronto a meditare. I bodybuilder dovrebbero concentrarsi sulla respirazione attraverso il naso e la bocca per questo tipo di modello di respirazione.

Modello di respirazione veloce prolungato: Inizia inspirando aria attraverso il naso lentamente e contando fino a 10. Quindi, rilasciala lentamente contando da 5 a 1 espirando attraverso la bocca. Si dovrebbe ripetere questo processo per 5 o 6 volte finché non ti sentirai completamente rilassato. Se hai difficoltà a contare fino a 10 in un primo momento, è sufficiente abbassare il conteggio a 7 o 8. Concentrati sulla respirazione attraverso il naso e butta fuori l'aria attraverso la bocca.

Modello di respirazione veloce pre-gara: Inizia prendendo l'aria attraverso il naso lentamente e contando fino a 6. Poi rilasciala rapidamente in un fiato espirando attraverso la bocca. Dovresti ripetere questo processo 5 o 6 volte finché non ti sentirai completamente rilassato e pronto a mettere a fuoco i pensieri. È possibile aggiungere 2 ripetizioni a questa sequenza con 4 secondi dentro e 4 secondi fuori per stabilizzare la respirazione e l'equilibrio d'aria.

Tutti questi tipi di modelli di respirazione sono utili per aumentare il livello delle prestazioni e possono essere utilizzati durante la competizione, a seconda del livello di energia o nervosismo.

Per i bodybuilder che devono controllare il nervosismo prima della gara andranno meglio i modelli di respirazione lenta.

Per i bodybuilder che hanno bisogno di essere eccitati prima della gara è necessario utilizzare un modello di respirazione veloce.

In caso di ansia, l'alternanza di respirazione lenta e veloce ti darà ottimi risultati.

Durante le sessioni di allenamento o durante la competizione quando avrai una sensazione di respiro corto, utilizza il modello di respirazione veloce per recuperare fiato più velocemente.

I modelli di respirazione sono un ottimo modo per controllare i livelli di intensità che ti faranno risparmiare energia e ti permettono di recuperare più velocemente.

CAPITOLO 6: DIETA E MEDITAZIONE PER I BODYBUILDER

Per ottenere i migliori risultati dalla meditazione, una buona dieta equilibrata sarà necessaria. La meditazione è parte di un obiettivo collettivo per migliorare se stessi e la corretta alimentazione ti aiuterà a raggiungere questo obiettivo. Un'alimentazione corretta equivale ad avere più energia e per periodi di tempo prolungati. Questo a sua volta influisce sulla capacità di rimanere concentrati per lunghi periodi. Proteine magre, grassi omega, verdure e legumi, e acqua sono i migliori cibi pre-meditazione e dovrebbero essere consumati in quantità adeguate a seconda delle esigenze caloriche.

Avere troppo zucchero nel sangue ti costringerà a dormire prima, durante o dopo la meditazione e lo stesso accadrà se assumi troppi zuccheri raffinati, che di certo non sono la strada da percorrere. Evita pasti abbondanti che potrebbero farti sentire troppo pieno e che ti faranno venire voglia di smettere di meditare o metterti a dormire. I pasti che sono troppo esigui ti faranno venir fame troppo presto, il che ridurrà le tue sessioni di meditazione e non permetterà di massimizzare i risultati.

Mangia 60-75 minuti prima di meditare ed avrai tempo sufficiente per digerire ed essere pronto a meditare correttamente.

Proteine magre

Le proteine magre sono molto importanti per lo sviluppo e la riparazione dei tessuti muscolari. Aiutano a normalizzare le concentrazioni di ormoni nel corpo e questo ti aiuterà a mantenere la calma. Alcune delle migliori fonti di proteine magre sono:

- Petto di tacchino (tutto naturale se possibile).
- Carne rossa magra (tutta naturale).
- Albumi
- La maggior parte dei prodotti lattiero-caseari.
- Petto di pollo (tutto naturale).
- Quinoa
- Noci (tutte le varietà)

I Grassi Omega

I Grassi Omega sono facili da assumere e molto importanti per le funzioni del corpo, in particolare per il cervello. I Grassi Omega si trovano comunemente in:

- Salmone (Preferibilmente di mare, non d'allevamento)
- Noci (facili da portare in giro per uno spuntino)
- Semi di lino (utilizzabili su tutto)
- Sardine

Noterai che le funzioni cerebrali miglioreranno ed aumenterà la salute generale del cervello. Il sistema immunitario dovrebbe ottenere un miglioramento che ridurrà le possibilità di sviluppare il cancro, il diabete, e altri gravi problemi di salute connessi.

Ortaggi e legumi

Agli ortaggi e legumi non viene data sufficiente importanza. Trova un vegetale che ti piace mangiare ed includilo nella tua dieta. Tutto questo ti gioverà con il passare degli anni. Quando la gente parla di quanto sia importante avere una dieta equilibrata, si riferisce anche alle verdure. Alcune delle migliori da includere nei pasti quotidiani sono:

- Pomodori
- Carote
- Barbabietole
- Cavolo
- Spinaci
- Cavolo cappuccio
- Prezzemolo
- Broccoli
- Cavoletti di Bruxelles
- Lattuga

- Ravanello
- Peperoni verdi, rossi, gialli
- Cetriolo
- Melanzana
- Avocado

Mangia vegetali di diversi colori per essere sicuro di introdurre diverse vitamine e minerali.

Frutta

I frutti contengono una grande quantità di vitamine necessarie all'organismo per farlo stare al 100%. Gli antiossidanti aiutano il corpo a recuperare più velocemente ed è estremamente importante per i bodybuilder. Assicurati di mangiare molti frutti che sono ad alta concentrazione di antiossidanti, dopo l'allenamento o competizione. Essi forniscono un'importante fonte di fibra alimentare, che consente di elaborare facilmente il cibo. Alcuni dei migliori frutti da includere nella tua dieta pre-mediazione sono:

- Mele (verdi e rosse)
- Arance
- Uva (rossa e verde)
- Banane
- Pompelmo (un po' aspro ma ricco di antiossidanti)

- Limoni e lime (sotto forma di succo mescolato con acqua. Mi capita spesso di chiedere acqua e alcune fette di limone quando vado a mangiare fuori in quanto sono meravigliosi antiossidanti).

- Ciliegie (senza zucchero).

- Mandarini

- Anguria

- Cantalupo

Acqua

L'acqua è comunemente trascurata e la maggior parte delle persone non ne beve abbastanza. Succhi di frutta e latte non devono essere conteggiati nel conteggio dei bicchieri di acqua che bevi. A seconda della quantità di allenamento cardiovascolare che fai, potresti averne un bisogno esagerato. La maggior parte delle persone deve bere almeno 8 bicchieri di acqua al giorno, ma la maggior parte degli atleti dovrebbe bere 10 -14 bicchieri di acqua.

Da quando ho iniziato a portare in giro il mio litro di acqua sono in grado di raggiungere il mio "1 litro al giorno" obiettivo di acqua che ha migliorato la mia salute in modo significativo.

Alcuni dei benefici che ho notato e la maggior parte delle persone noterà sono:

- Meno o nessun mal di testa (cervello più idratato)

- Migliorata la digestione.

- Meno stanchezza durante il giorno.

- Più energia al mattino.

- Quantità ridotta di rughe visibili.

- Nessun crampo o segni di rigidità muscolare. (Questo è un problema comune per molti atleti.)

- Migliore concentrazione (questo andrà a beneficio durante la meditazione).

- Desiderio diminuito di dolci e spuntini tra i pasti.

RICETTE DI PASTI PER LE SESSIONI PRE-MEDITAZIONE

Ecco alcuni esempi di ricette magre per i bodybuilder da aggiungere alla dieta pre-meditativa. È possibile adattarli come più ti piace nella dimensione delle porzioni e negli ingredienti utilizzati.

SE MEDITI DOPO LA PRIMA COLAZIONE

1. Colazione veloce

Seglia il corpo da uno stato catabolico con una colazione ricca di carboidrati e di proteine per la costruzione del muscolo. Assicurati di avere un concentrato di vitamina C con pompelmo ed asparagi.

Ingredienti (1 porzione):

6 albumi

½ tazza di quinoa cotto e mix di riso marrone

3 punte di asparagi, a fette

½ pompelmo rosa

1 piccolo peperone rosso, affettato

1 cucchiaio di siero di latte in polvere proteica piccante

1 spicchio d'aglio, schiacciato

Olio oliva spray

Pepe, sale

Tempo di preparazione: 10 min

Tempo di cottura: 15-20 minuti

Preparazione:

Scalda il forno a 200°C ventilato / gas 6. Ungi una padella in ghisa con l'olio d'oliva.

In una ciotola media, sbatti gli albumi con un pizzico di sale e pepe fino a creare una schiuma.

Aggiungi il riso cotto e la quinoa alla padella; versa gli albumi poi i pezzi di asparagi e le fette di peperone.

Cuoci in forno per 15-20 minuti o fino a quando le uova saranno cotte.

Valore nutrizionale per porzione: 407kcal, proteine 52g, carboidrati 40g (fibra 5g, zucchero 8g), grasso 2g, 15% di calcio, 12% di ferro, 19% di magnesio, 26% di vitamina A, 63% di vitamina C, 48% di vitamina K, 12% di vitamina B1, 69% di vitamina B2, 26% di vitamina B9.

2. Ciotola potente

Una colazione con un nome appropriato, la ciotola potente combina le proteine dei bianchi con un rifornimento di energia della farina d'avena. Le noci aggiungono grassi sani e il miele completa il tutto con un po' di dolcezza.

Ingredienti (1 porzione):

6 albumi

½ tazza di farina d'avena istantanea, cotta

1/8 tazza di noci

¼ tazza di frutti di bosco

1 cucchiaino di miele grezzo

Cannella

Tempo di preparazione: 10 min

Tempo di cottura: 5 min

Preparazione:

Monta gli albumi a schiuma e poi cuocili in una padella a fuoco basso.

Unisci la farina d'avena e gli albumi in una ciotola; aggiungi la cannella ed il miele grezzo e mescola.

Completa con frutti di bosco, banana e noci.

Valore nutrizionale per porzione: 344kcal, proteine 30g, carboidrati 33g (fibra 3g, zucchero 23g), grasso 11g (2 saturi), 10% di ferro, 15% di magnesio, 10% di vitamina B1, 11% di vitamina B2, 15% di vitamina B5.

3. Tonno e peperoni farciti

Questa è una ricetta veloce e nutriente che fornisce una quantità enorme di vitamina B12. Con un alto contenuto di proteine, il tonno è una scelta eccellente per la colazione per la costruzione del muscolo e, se si desidera aggiungere alcuni carboidrati per il tuo pasto, un pezzo di pane di grano intero sarà un'ottima scelta.

Ingredienti (2 porzioni):

2 scatole di tonno al naturale (185g), la metà drenato

3 uova sode

1 cipollotto tritato

5 piccoli sottaceti, a dadini

Sale, pepe

4 peperoni, dimezzati, senza semi

Tempo di preparazione: 5 min

Tempo di cottura: 10 min

Preparazione:

Unisci uova, tonno, cipolla, sottaceti e condimenti in un robot da cucina e mescola fino a creare una polpa liscia.

Riempi le metà dei peperoni con la composizione e servi.

Valore nutrizionale per porzione: 480 kcal, proteine 46g, 16g di grassi (4g saturi), carboidrati 8g (fibra 2g, zucchero 4g), 28% di magnesio, 94% di vitamina A, vitamina C 400%, 12% di vitamina E, 67% di vitamina K, 18% di vitamina B1, 32% di vitamina B2, 90% della vitamina B3, 20% di vitamina B5, 56% di vitamina B6, 18% di vitamina B9, 284% di vitamina B12.

4. Yogurt greco con semi di lino e mela

Distogli l'attenzione dall'albume d'uovo per la costruzione muscolare a colazione, e prova lo yogurt greco aromatizzato alla mela con alto contenuto di proteine. Usa semi di lino interi per massimizzare l'apporto di fibre e tienili in acqua durante la notte per farli morbidi e facilmente digeribili.

Ingredienti (1 porzione):

1 tazza di yogurt greco

1 mela, tagliata a fette sottili

2 cucchiai di semi di lino

¼ cucchiaino di cannella

1 cucchiaino di Stevia

Una spruzzata di sale

Tempo di preparazione: 5 min

Tempo di cottura: 45 min

Preparazione:

Preriscalda il forno a 190C ventilato / gas 5. Metti le fette di mela in una padella antiaderente, cospargile con cannella, Stevia e un pizzico di sale, copri e fai cuocere per

45 min / finché sono teneri. Togli dai forno e lascia raffreddare per 30 minuti.

Metti lo yogurt greco in una ciotola poi cospargi con mele e semi di lino e servi.

Valore nutrizionale per porzione: 422kcal, proteine 22g, carboidrati 39g (fibra 7g, 22 g di zucchero), grasso 21g (8 g saturi), 14% di calcio, 22% di magnesio, 14% di vitamina C, 24% di vitamina B1, 13% di vitamina B12.

5. Peperone ad Anelli con 'Fit Grits'

Un pasto gustoso e speciale, gli anelli di peperone con un carburante Fit Grits per i tuoi muscoli e avrai energia sufficiente per tutto il giorno. Piena di colori e sostanze nutritive, questa colazione è ad alto contenuto di vitamina B1.

Ingredienti (1 porzione):

6 albumi

2 uova

¼ tazza di riso integrale farina

1 tazza di spinaci crudi

½ peperone verde

1 tazza di pomodorini

Olio d'oliva spray

Sale, pepe

Tempo di preparazione: 10 min

Tempo di cottura: 15 min

Preparazione:

Monta a neve gli albumi con un pizzico di sale e pepe fino a creare un composto schiumoso. Scalda l'olio in una padella antiaderente e cuoci gli albumi con la farina. Aggiungi gli spinaci, mescola e cuoci fino a quando gli spinaci saranno appassiti.

Spruzza leggermente una padella con olio d'oliva e imposta a fuoco medio. Taglia i peperoni in orizzontale per creare 2 anelli, mettili nella padella e rompi le uova all'interno dei peperoni. Lascia cuocere fino a quando le uova diventano bianche.

Metti il composto di uova, farina e anelli di peperone cotti su un piatto e servi con pomodorini.

Valore nutrizionale per porzione: 495kcal, proteine 45g, carboidrati 45g (fibra 3g, zucchero 7g), grasso 11g (3g saturi), 9% di calcio, 14% di ferro, 20% di magnesio, 35% di vitamina A, 32% di vitamina C, 91 % di vitamina B2, 22% di vitamina B5, 12% di vitamina B6, 15% di vitamina B12.

6. Latte di Mandorla dolce

10 minuti è tutto ciò che serve per creare questo alto contenuto di vitamine D e B1 con latte di mandorla frullato. È un'ottima colazione veloce da tenere anche in freezer dopo averla preparata.

Ingredienti (2 porzioni):

1 tazza di latte di mandorla

1 tazza di frutti di bosco congelati

1 tazza di spinaci

1 cucchiaio di proteine in polvere aromatizzate alla banana

1 cucchiaio di semi di chia

Tempo di preparazione: 10 min

Non si cuoce

Preparazione:

Mescola tutti gli ingredienti in un frullatore fino a creare un composto liscio, versa in 2 bicchieri e servi.

Valore nutrizionale per porzione: 295kcal, proteine 26g, carboidrati 32g (fibra 4g, zucchero 13g), grasso 9g, 40% di calcio, 20% di ferro, 12% di magnesio, 50% di vitamina A, 40% di vitamina C, 25% della vitamina D, 57% di vitamina E, 213% di vitamina B1, 18% di vitamina B9.

7. Frittella di zucca e proteine

Dimenticati della farina e prova le frittelle di avena con una deliziosa aggiunta di zucca fresca. Farcisci con sciroppo senza calorie e gusta una colazione ad alto contenuto proteico che ha un sapore buono come un pasto sfizioso.

Ingredienti (1 porzione):

1/3 tazza di avena vecchio stile

¼ di tazza di zucca

½ tazza di bianchi d'uovo

1 misurino di proteine alla cannella in polvere

½ cucchiaino di cannella

Olio oliva spray

Tempo di preparazione: 5 min

Tempo di cottura: 5 min

Preparazione:

Mescola tutti gli ingredienti in una ciotola. Spruzza una padella di medie dimensioni con olio d'oliva quindi metti a fuoco medio.

Versa la pastella, e una volta che si vedi le bollicine che appaiono sulla parte superiore della frittella, capovolgila. Quando ogni lato è dorato, togli il pancake e servi.

Valore nutrizionale per porzione: 335kcal, proteine 39g, carboidrati 37g (fibra 6g, 1 g di zucchero), grasso 6g, 14% di calcio, 15% di ferro, 26% di magnesio, 60% di vitamina A, 26% di vitamina B1, 37% di vitamina B2, 10% di vitamina B5, 31% di vitamina B6.

8. Farina d'avena con tante proteine

Ecco una ricca porzione di carboidrati che ti terrà sazio per ore, mentre le proteine in polvere e le mandorle forniranno tante proteine per tutta la giornata. Se preferisci la farina d'avena con un gusto fruttato, utilizza le proteine in polvere al gusto di banana.

Ingredienti (1 porzione):

2 pacchetti di farina d'avena istantanea (28g pacchetto)

¼ tazza di mandorle tritate

1 cucchiaio di proteine del latte in polvere alla vaniglia

1 cucchiaio di cannella

Tempo di preparazione: 5 min

Tempo di cottura: 5 min

Preparazione:

Versa la farina d'avena istantanea in una ciotola, mescola con le proteine in polvere e la cannella. Aggiungi acqua calda e mescola. Cospargi con mandorle tritate e servi.

Valore nutrizionale per porzione: 436kcal, proteine 33g, carboidrati 45g (fibra 10g, zucchero 4g), grasso 15g (1g saturi), 17% di calcio, 19% di ferro, 37% di magnesio, 44% di vitamina E, 21% di vitamina B1, 21 % di vitamina B2.

9. Pacchetto di proteine strapazzate

Nutri i muscoli prima di un allenamento intenso con questo pasto di proteine 51g. Questi albumi strapazzati con verdure e salsiccia di tacchino hanno il valore aggiunto di essere ricchi di carboidrati e con un apporto elevato di vitamine.

Ingredienti (1 porzione):

8 albumi

2 salsicce di tacchino di collegamento, tritate

1 cipolla grande, tagliata a dadini

1 tazza di peperoni rossi, dadini

2 pomodori tagliati a cubetti,

2 tazze di spinaci crudi, tritati

1 cucchiaino di olio d'oliva

Sale e pepe

Tempo di preparazione: 10 min

Tempo di cottura: 10-15 minuti

Preparazione:

Monta a neve gli albumi con un pizzico di sale e pepe fino a renderli schiumosi, poi metti da parte.

Scalda l'olio in una grande padella antiaderente, metti le cipolle ed i peperoni e soffriggi fino a quando saranno teneri. Condisci con sale e pepe. Aggiungi la salsiccia di tacchino e fai cuocere fino a quando non sarà ben dorata quindi abbassa la fiamma e aggiungi gli albumi e strapazza.

Quando le uova sono quasi finite, aggiungi il pomodoro e gli spinaci, cuoci per 2 minuti e servi.

Valore nutrizionale per porzione: 475kcal, proteine 51g, carboidrati 37g (fibra 10g, 18g di zucchero), grasso 10g (2g saturi), 14% di calcio, 23% di ferro, 37% di magnesio, 255% di vitamina A, 516% di vitamina C, 25 % di vitamina E, 397% di vitamina K, 22% di vitamina B1, 112% di vitamina B2, 29% della vitamina B3, 19% di vitamina B5, 51% di vitamina B6, 65% di vitamina B9.

10. Frutta e burro di arachidi dolce

Quale modo migliore per iniziare la giornata con un pieno di calcio se non con questo frullato al gusto di fragola? Con tanti minerali, vitamine, proteine e carboidrati, questo frullato è un modo perfetto per dare inizio alla giornata.

Ingredienti (1 porzione):

15 fragole medie

1 1/3 cucchiai di burro di arachidi

85g tofu

½ tazza di yogurt intero

¾ tazza di latte scremato

1 misurino di proteine in polvere

8 cubetti di ghiaccio

Tempo di preparazione: 5 min

Non si cuoce

Preparazione:

Versa il latte nel frullatore poi lo yogurt e il resto degli ingredienti. Frulla fino ad ottenere un composto completamente assemblato e spumoso. Versa in un bicchiere e servi.

Valore nutrizionale per porzione: 472kcal, proteine 45g, carboidrati 40g (fibra 6g, zucchero 31g), grasso 13g (4g saturi), 110% di calcio, 35% di ferro, 27% di magnesio, 30% di vitamina A, 190% di vitamina C, 11 % di vitamina E, vitamina B1 13%, 24% di vitamina B2, 10% di vitamina B5, 18% di vitamina B6, 17% di vitamina B9, 12% di vitamina B12.

11. Muffins alle proteine

Con una buona dose di avena e una porzione di cioccolato e le proteine in polvere, questi muffin sono una grande colazione alternativa all'avena normale. In coppia con un bicchiere di latte, questo pasto ti fa ottenere una buona quantità di calcio e vitamina D e una bella porzione di proteine e carboidrati.

Ingredienti (4 muffin-2 porzioni):

1 tazza di fiocchi d'avena

1 grande uovo intero

5 grandi bianchi d'uovo

½ cucchiaio di proteine del siero di latte in polvere al cioccolato

Olio oliva spray

2 tazze di latte a basso contenuto di grassi da servire

Tempo di preparazione: 2 min

Tempo di cottura: 15 min

Preparazione:

Preriscalda il forno a 190C ventilato / gas 5.

Frulla tutti gli ingredienti insieme per 30 secondi. Spruzza il tutto con olio d'oliva poi separa in quattro muffin. Metti in forno per 15 min.

Togli dal forno, lascia raffreddare e servi con il bicchiere di latte.

Valore nutrizionale per porzione (comprende latte): 330kcal, proteine 28g, carboidrati 37g (fibra 9g, zucchero 13g), grasso 6g (5 g saturi), 37% di calcio, 22% di ferro, 19% di magnesio, 12% di vitamina A, 34% di vitamina D, i4% di vitamina B1, 66% di vitamina B2, 25% di vitamina B5, 11% della vitamina B6, 24% di vitamina B12.

12. Toast con salmone affumicato e avocado

Ti serve un allenamento duro e veloce? Ci vogliono solo 5 minuti per mettere insieme questa colazione salata. Sia il salmone che l'avocado sono ricchi di acidi sani e questo pasto ha abbastanza proteine e carboidrati per mantenerti motivato.

Ingredienti (2 porzioni):

300g di salmone affumicato

2 avocado maturi medi, tagliati e pelati

Succo di mezzo limone

Una manciata di dragoncello, foglie tritate

2 fette di pane integrale, tostato

Tempo di preparazione: 5 min

Non si cuoce

Preparazione:

Taglia l'avocado a pezzetti e mescola con il succo di limone. Gira e piega i pezzi di salmone affumicato, mettili sui piatti da portata, poi cospargi con l'avocado ed il dragoncello. Servi con pane di grano intero.

Valore nutrizionale per porzione: 550kcal, proteine 34g, carboidrati 37g (fibra 12g, zucchero 4g), grassi 30 g (5 g saturi), 17% di ferro, 24% di magnesio, 25% di vitamina C, 27% di vitamina E, 42% della vitamina K, 16% di vitamina B1, 24% di vitamina B2, 55% della vitamina B3, 35% di vitamina B5, 40% di vitamina B6, 35% di vitamina B9, 81% di vitamina B12.

13. Pizza con pochi carboidrati

Dimentica l'alto contenuto calorico di una fetta non nutriente di pizza e sostituiscila con questa deliziosa alternativa. Sana e saziante, ci vogliono solo 20 minuti per farla e non è solo ricca di proteine, ma anche di minerali e vitamine.

Ingredienti (1 porzione):

1 piccolo pita di grano intero

3 albumi

1 uovo

¼ tazza di mozzarella a basso contenuto di grassi

1 cipollotto, affettato

¼ tazza di funghi, tagliata a dadini

¼ tazza di peperoni, a dadini

2 fette di pancetta di tacchino, tritata

1 cucchiaino di olio d'oliva

Sale e pepe

Tempo di preparazione: 10 min

Tempo di cottura: 10 min

Preparazione:

Sbatti le uova con un pizzico di sale e pepe e aggiungi le verdure tagliate a dadini.

Piega i bordi del pane pita per creare una ciotola. Spennella entrambi i lati con l'olio d'oliva e metti il pane pita sulla griglia, lato convesso verso il basso. Cuoci fino a doratura poi capovolgi sull'altro lato.

Versa il composto di uova nella pita e cuoci fino a quando le uova sono quasi cotte, aggiungi tacchino, cipolla e formaggio. Cuoci fino a far fondere il formaggio e servi.

Valore nutrizionale per porzione: 350kcal, proteine 33g, carboidrati 12g (fibra 3g, 4g zucchero), grasso 15g (6 saturi), 32% di calcio, 19% di ferro, 15% di magnesio, 36% di vitamina A, 88% di vitamina C, 72 % di vitamina K, 21% di vitamina B1, 71% di vitamina B2, 22% della vitamina B3, 14% di vitamina B5, 21% di vitamina B6, 25% di vitamina B9, 29% di vitamina B12.

14. Colazione Mocha messicana

Aggiungi alla tua tazza preferita di avena un po' di latte di mandorla sano e goditi una veloce colazione ricca di fibre. Il pepe di Caienna è perfetto per l'aggiunta di un po' di grinta alla tua farina d'avena.

Ingredienti (1 porzione):

½ tazza di fiocchi d'avena

1 misurino di proteine in polvere al cioccolato

½ cucchiaio di cannella

½ cucchiaino di pepe di Caienna

1 tazza di latte di mandorle non zuccherato

1 cucchiaio di cacao amaro in polvere

Tempo di preparazione: 5 min

Tempo di cottura: 3 min

Preparazione:

Mescola tutti gli ingredienti in una ciotola per microonde. Scalda nel forno a microonde per 2 ½ -3 min poi servi.

Valore nutrizionale per porzione: 304kcal, proteine 27g, carboidrati 38g (fibra 8g, zucchero 3g), grasso 7g, 32% di calcio, 15% di ferro, 25% di magnesio, 10% di vitamina A, 25% di vitamina D, 51% di vitamina E, 12% di vitamina B1.

15. Frittele di mirtilli e limone (in qualsiasi momento)

Una calda colazione riempitiva, questa frittella arricchita dal sapore del limone è un modo semplice e gustoso di ottenere quel pasto energetico che è necessario per iniziare la giornata. Stendi un cucchiaio di yogurt greco sulla parte superiore del pancake, se vuoi.

Ingredienti (1 porzione):

1/3 di tazza crusca d'avena

5 albumi

½ tazza di mirtilli

1 cucchiaio di siero di latte in polvere proteico piccante

½ cucchiaino di bicarbonato di sodio

1 cucchiaino di scorza di limone grattugiata

1 cucchiaio di succo di limone

Olio d'oliva spray

Tempo di preparazione: 5 min

Tempo di cottura: 5 min

Preparazione:

Unisci tutti gli ingredienti in una ciotola capiente, mescola e frulla fino a farli diventare lisci.

Cuoci il tutto a temperatura medio-alta finché le bolle si formano sulla superficie. Capovolgi e cuocere fino a quando ogni lato diventa marrone dorato scuro. Togli il pancake e servi.

Valore nutrizionale per porzione: 340kcal, proteine 47g, carboidrati 37g (fibra 6g, zucchero 14g), grassi 5g, 10% di ferro, 25% di magnesio, 12% di vitamina C, 19% della vitamina K, 26% di vitamina B1, 58% di vitamina B2.

PRANZO PRE-MEDITAZIONE

16. Riso Mediterraneo

Gira la lattina di tonno in un piatto, un delizioso antipasto perfetto per un pomeriggio di esercizi. L'elevata quantità di carboidrati ti darà l'energia sufficiente ad un allenamento completo e le proteine faranno in modo che i tuoi muscoli recuperino lo sforzo.

Ingredienti (1 porzione):

1 scatoletta di tonno sott'olio sgocciolato

100g riso

¼ avocado, tritato

¼ di cipolla rossa, a fette

Succo di mezzo limone

Sale e pepe

Tempo di preparazione: 5 min

Tempo di cottura: 20 min

Preparazione:

Fai bollire il riso per circa 20 minuti poi metti in una ciotola con la cipolla, tonno e avocado. Aggiungi il succo di limone e mescola tutti gli ingredienti. Condisci con sale e pepe a piacere e servi.

Valore nutrizionale per porzione: 590kcal, proteine 32g, carboidrati 80g (fibra 7g, zucchero 1g), grasso 14g (5g saturi), 22% di ferro, 52% di magnesio, 101% di vitamina D, 18% di vitamina E, 107% di vitamina K, 32% di vitamina B1, 134% di vitamina B3, il 26% di vitamina B5, 39% di vitamina B6, 15% di vitamina B9, 63% di vitamina B12.

17. Pollo speziato

Il pollo è perfetto per un pasto ricco di proteine e per la costruzione del muscolo. Alto contenuto di sostanze nutritive su tutta la linea, questo semplice, gustoso pasto può essere accoppiato con una porzione a tua scelta di carboidrati.

Ingredienti (2 porzioni):

3 Petti di pollo disossati dimezzati

175g yogurt magro

5 centimetri di cetriolo tritato

2 cucchiai di pasta di curry tailandese rossa

2 cucchiai di coriandolo tritato

2 tazze di spinaci crudi, per servire.

Tempo di preparazione: 5 min

Tempo di cottura: 35-40 min

Preparazione:

Preriscalda il forno a 190C ventilato / gas 5. Metti il pollo in un piatto in un solo strato. Frulla un terzo dello yogurt, la pasta di curry e due terzi del coriandolo, aggiungi il sale e versa sopra il pollo, facendo attenzione che la carne sia uniformemente rivestita. Lascia riposare per 30 minuti (o nella notte frigorifero).

Metti il pollo sopra una teglia per 35-40 minuti, fino a doratura.

Scalda l'acqua in una pentola e fai appassire gli spinaci.

Mescola il resto dello yogurt e coriandolo, aggiungi il cetriolo e mescola. Versa il composto sopra il pollo e servi con gli spinaci cotti.

Valore nutrizionale per porzione: 275kcal, proteine 43g, carboidrati 8g (fibra 1g, zucchero 8g), grassi 3g (1g saturi), 20% di calcio, 15% di ferro, 25% di magnesio, 56% di vitamina A, 18% di vitamina C, 181 % di vitamina K, 16% di vitamina B1, 26% di vitamina B2, 133% di vitamina B3, 25% di vitamina B5, 67% di vitamina B6, 19% di vitamina B9, il 22% di vitamina B12.

18. Uova farcite con pane Pita

Fai il pieno di acidi grassi omega-3 con questo ricco piatto di salmone. Alto contenuto di vitamine e minerali, questo pasto saziante è un ottimo modo di aiutare te stesso ad avere tutta l'energia di cui necessiti durante la giornata.

Ingredienti (2 porzioni):

1 salmone in scatola in acqua (450g)

2 uova

1 grande cipollotto, tritato

2 grandi foglie di lattuga

10 pomodorini

1 cucchiaio di yogurt greco

Un grande pane integrale pita, tagliato a metà

Sale e pepe

Tempo di preparazione: 10 min

Tempo di cottura: 10 min

Preparazione:

Lessa le uova, sbucciale e tagliale a metà quindi rimuovi i tuorli e mettili in una ciotola.

Aggiungi il salmone in scatola, 1 cucchiaio di yogurt, il cipollotto e i condimenti alla ciotola. Mescola tutti gli ingredienti e riempi gli albumi. Servi con pane pita farcito con lattuga e pomodori.

Valore nutrizionale per porzione: 455kcal, proteine 45g, carboidrati 24g (fibra 3g, 2g di zucchero), grasso 36g (10g saturi), 59% di calcio, 22% di ferro, 21% di magnesio, 30% di vitamina A, 24% di vitamina C, 43 % di vitamina K, 11% di vitamina B1, 36% di vitamina B2, vitamina B3 60%, 20% di vitamina B5, 41% di vitamina B6, 20% di vitamina B9, 20% di vitamina B12.

19. Pollo alla Cesare

Potrai portarti a lavoro questi involtini di polli per un pasto ricco di proteine, utili per tutta la giornata. Aggiungi gli spinaci per non farti mancare le verdure.

Ingredienti (1 porzione):

85g petto di pollo al forno

2 tortillas di grano integrale

1 tazza di lattuga

50g senza grassi yogurt

1 cucchiaino di pasta di acciughe

1 cucchiaino di senape secca in polvere

1 spicchio d'aglio, schiacciato

½ cetriolo medio, tritato

Tempo di preparazione: 5 min

Non si cuoce

Preparazione:

Unisci la pasta di acciughe, aglio e yogurt poi mescola e aggiungi la lattuga e cetrioli. Dividi il composto in 2, aggiungi le tortillas e poi inserisci la metà del pollo in ogni tortilla. Avvolgi e servi.

Valore nutrizionale per porzione (2 tortillas): 460kcal, proteine 41g, carboidrati 57g (fibra 7g, zucchero 9g), grasso 10g (2g saturi), 11% di calcio, 22% della vitamina K, 13% di vitamina B2, 59% della vitamina B3, 12% di vitamina B5, 29% di vitamina B6, 10% di vitamina B12.

CENA PRE-MEDITAZIONE

20. Salmone al forno con asparagi grigliati

Una cena classica, ma resa più interessante dalla marinatura con succo di limone e mostarda, il salmone grigliato si abbina perfettamente con i gambi di asparago e l'aglio. Regala a te stesso un'ottima combinazione di proteine e vitamine.

Ingredienti (1 porzione):

140g salmone non allevato

1 ½ tazza di asparagi

Marinatura:

1 cucchiaino di aglio, tritato

1 cucchiaio di mostarda di Dijon

Succo di limone spremuto da ½ limone

1 cucchiaino di olio d'oliva

Tempo di preparazione: 5 min

Tempo di cottura: 15 min

Preparazione:

Preriscalda il forno a 200 ° C ventilato / gas 6.

In una ciotola, mescola il succo di limone, la metà dell'aglio, olio e senape, versa la marinata sopra il salmone e assicurati che sia completamente coperto. Posiziona il salmone marinato in frigorifero per almeno un'ora.

Taglia la parte dura delle punte di asparago. Metti una padella antiaderente a fuoco medio / alto, cuoci gli asparagi con l'aglio rimasto e rosola per circa 5 minuti, girando gli asparagi su tutti i lati.

Posiziona il salmone su una teglia e inforna per 10 minuti poi servi con gli asparagi alla griglia.

Valore nutrizionale: 350kcal, proteine 43g, carboidrati 7g (fibra 5g, 1 g di zucchero), grasso 16g (1 saturi), 17% di ferro, 20% di magnesio, 48% di vitamina A, 119% di vitamina C, 17% di vitamina E, 288 % di vitamina K, 39% di vitamina B1, 60% di vitamina B2, 90% della vitamina B3, 33% di vitamina B5, 74% di vitamina B6, 109% di vitamina B9, 75% di vitamina B12.

21. Pasta con polpette di manzo e spinaci

Un piatto di pasta ad alto contenuto proteico, un'ottima accoppiata tra la carne di manzo e gli spinaci. Non solo è un piatto pieno zeppo di vitamine, ma contiene anche una quantità abbondante di magnesio, che aiuta a regolare la contrazione muscolare.

Ingredienti (2 porzioni):

Per le polpette:

170g carne macinata magra

½ tazza di spinaci crudi, tagliuzzati

1 cucchiaio di aglio tritato

¼ tazza di cipolla rossa, tagliata a dadini

1 cucchiaino di cumino

Sale e pepe

Per la Pasta:

100g di pasta di grano agli spinaci

10 pomodorini

2 tazze di spinaci crudi

¼ tazza marinara

2 cucchiai di parmigiano a basso contenuto di grassi

Tempo di preparazione: 15 min

Tempo di cottura: 30 min

Preparazione:

Preriscalda il forno a 200 ° C / gas 6.

Mescola la carne macinata, gli spinaci crudi, l'aglio, la cipolla rossa e sale e pepe a piacere. Mescola bene con le mani fino a quando gli spinaci saranno completamente mescolati nella carne.

Forma due o tre polpette, circa la stessa dimensione e mettile su una teglia in forno per 10-12 minuti.

Cuoci la pasta secondo le istruzioni sulla confezione. Scola la pasta e mescola con i pomodori, spinaci e formaggio. Aggiungi le polpette e servi.

Valore nutrizionale per porzione: 470kcal, proteine 33g, carboidrati 50g (fibra 6g, zucchero 5g), grasso 12g (5g saturi), 17% di calcio, 28% di ferro, 74% di magnesio, 104% di vitamina A, 38% di vitamina C, 11 % di vitamina E, 361% di vitamina K, 16% di vitamina B1, 20% di vitamina B2, 45% della vitamina B3, 11% di vitamina B5, 45% di vitamina B6, 35% di vitamina B9, 37% di vitamina B12.

22. Petto di pollo farcito con riso integrale

Il riso integrale è un ottimo modo per introdurre carboidrati di qualità per la tua dieta. In coppia con le proteine del pollo ed i Sali minerali delle verdure, avrai un pranzo delizioso.

Ingredienti (1 porzione):

170g di petto di pollo

½ tazza di spinaci crudi

50g di riso integrale

1 Cipollina, a dadini

1 pomodoro, fette

1 cucchiaio di formaggio feta

Tempo di preparazione: 10 min

Tempo di cottura: 30 min

Preparazione:

Preriscalda il forno a 190 C ventilato / gas 5.

Taglia il petto di pollo dal basso al centro per farlo sembrare una farfalla. Condisci il pollo con sale e pepe, poi aprilo e inserisci spinaci, formaggio e feta , il pomodoro a fette su un lato. Piega il petto di pollo e utilizza uno stuzzicadenti per tenerlo chiuso poi cuoci per 20 min.

Lessa il riso quindi aggiungi l'aglio e la cipolla tritata. Riempi un piatto con il riso, adagia il pollo in cima e servi.

Valore nutrizionale per porzione: 469kcal, proteine 48g, carboidrati 46g (fibra 5g, zucchero 6g), grasso 8g (5 g saturi), 22% di calcio, 18% di ferro, 38% di magnesio, 55% di vitamina A, 43% di vitamina C, 169 % di vitamina K, 28% di vitamina B1, 28% di vitamina B2, 103% di vitamina B3, 28% di vitamina B5, 70% di vitamina B6, 23% di vitamina B9, 17% di vitamina B12.

23. Insalata di linguine con Gamberi e Zucchine

Una pasta creata da una porzione di zucchine e gamberetti triturati al vapore, spolverati di sesamo. Questa combinazione di ingredienti sarà un pranzo leggero con un alto contenuto proteico.

Ingredienti (1 porzione):

170g di gamberetti al vapore

1 grande zucchina, tagliata

¼ tazza di cipolla rossa, a fette

1 tazza di peperoni, fette

1 cucchiaio di burro per arrosto Tahini

1 cucchiaino di olio di sesamo

1 cucchiaino di semi di sesamo

Tempo di preparazione: 10 min

Non si cuoce

Preparazione:

Taglia le zucchine con un trituratore per creare delle linguine crude.

In una ciotola, mescola il tahin e l'olio di sesamo.

Metti tutti gli ingredienti in una ciotola capiente, versa la salsa Tahini e assicurati che tutti i lati siano coperti dalla salsa. Cospargi con alcuni semi di sesamo e servi.

Valore nutrizionale per porzione: 420kcal, proteine 45g, carboidrati 26g (fibra 10g, 12g di zucchero), grasso 18g (2g saturi), 19% di calcio, 47% di ferro, 48% di magnesio, 33% di vitamina A, 303% di vitamina C, 17 % di vitamina E, 31% della vitamina K, 38% di vitamina B1, 36% di vitamina B2, 38% della vitamina B3, 13% di vitamina B5, 66% di vitamina B6, 35% di vitamina B9, 42% di vitamina B12.

24. Couscous di grano intero con tacchino

Cotto in una teglia per muffin, questo polpettone di tacchino ti consentirà di ridurre l'assunzione di grassi saturi. Mescola un po' e aggiungi peperone o funghi invece di cipolle nelle polpette e condisci con un pizzico di aglio.

Ingredienti (1 porzione):

140g carne magra tacchino

¾ tazza di cipolle rosse, a dadini

1 tazza di spinaci crudi

1/3 di tazza di salsa marinara a basso contenuto di sodio

½ tazza intera couscous di grano, bollito

Condimenti a scelta: prezzemolo, basilico, coriandolo

Pepe, sale

Olio oliva spray

Tempo di preparazione: 5 min

Tempo di cottura: 20 min

Preparazione:

Preriscalda il forno a 200 ° C ventilato / gas 6.

Cospargi il tacchino con il condimento scelto e aggiungi le cipolle tagliate a cubetti.

Ungi lo stampo con olio d'oliva, e metti il trito di carne negli stampini. Sopra ogni polpetta, mettici 1 cucchiaio di salsa marinara, poi fai cuocere in forno per 8-10 minuti.

Servi con couscous.

Valore nutrizionale per porzione: 460kcal, proteine 34g, carboidrati 53g (fibra 4g, zucchero 7g), grasso 12g (4g saturi), 12% di calcio, 15% di ferro, 10% di magnesio, 16% di vitamina A, 15% di vitamina C, 11 % di vitamina E, vitamina K 16%, 11% di vitamina B1, 25% di vitamina B3, 16% di vitamina B6, 11% di vitamina B9.

CAPITOLO 7: IL POTERE DELLA VISUALIZZAZIONE PER I BODYBUILDER

Che cosa significa visualizzare?

Visualizzare significa sostanzialmente concettualizzare l'immagine di una qualsiasi cosa nella tua mente in modo da trovare un percorso valido verso tale obiettivo. Si tratta fondamentalmente di pensare ad una o più cose che si vogliono ottenere nella vita, attraverso l'immaginazione e la mente. Riprende un po' il motto: "Se si può vedere, si può fare".

Non esiste un modo giusto o sbagliato di visualizzare. Devi trovare una location comoda. Oppure sederti o appoggiarti su una sedia, un tappeto o un asciugamano, proprio come quando fai meditazione.

La visualizzazione è un passo successivo alla meditazione e quindi i processi per arrivarci sono simili.

Ci sono molti tipi di visualizzazione. Le tre più comuni sono la visualizzazione motivazionale, quella per la risoluzione dei problemi, e quella orientata all'obiettivo.

Gli atleti di ogni disciplina utilizzano comunemente la visualizzazione, in un modo o nell'altro, a volte senza nemmeno sapere che lo stanno facendo. Per alcuni, avviene durante la veglia, oppure durante il sonno, tramite i sogni, ma senza alcun controllo sul risultato.

Quando stai visualizzando, stai immaginando situazioni o video mentali di ciò che vorresti poter vedere, come ad esempio:

- Come vieni visto.
- Come sei vestito.
- Come ti muovi.
- Come esegui il movimento.
- Il tuo stato emotivo.
- Il tuo stato mentale.
- I risultati dell'avversario.

Sei riesci a controllare tutto questo, sarai in grado di progettare l'inizio e la fine come più ti piace. Essere creativi è utile, dal momento che le cose non sono sempre così come le intendiamo nella vita reale, ma preparandoci mentalmente ed emotivamente per eventuali situazioni e risultati, le cose diventano più facili da gestire quando arriva il momento di farlo. Le tue migliori prestazioni avvengono proprio quando ti sarai preparato adeguatamente e mentalmente attraverso la visualizzazione.

Perchè visualizzare per motivare te stesso?

Alcune persone hanno difficoltà a trovare la giusta motivazione sotto pressione, e si intimidiscono di fronte alle persone che li osservano, invece di concentrarsi sull'obiettivo. Per motivare te stesso attraverso la visualizzazione devi convincerti di fare del tuo meglio e spingerti oltre le tue capacità per arrivare alla performance desiderata, devi immaginare tutto ciò che vorrai fare nella tua mente, per sbloccare il tuo cervello ed allontanare ansia, nervosismo, paura e la pressione che ti attanaglia durante la competizione.

Quali sono le visualizzazioni orientate all'obiettivo

Sono immagini mentali e film che puoi crearti nel cervello e concentrarti sul raggiungimento di un obiettivo specifico. Questo potrebbe essere: vincere un concorso, migliorare i tempi, allenarti più ore al giorno, aggiungere più proteine alla tua dieta, non stancarti tanto (alcuni di questi sono obiettivi basati sulle prestazioni, altri invece sono di vita quotidiana, ma entrambi sono importanti quando si pianifica la sessione di visualizzazione.)

Quando ti alleni fisicamente, è per vedere i risultati alla fine di tutto il duro lavoro svolto. Se utilizzerai anche la visualizzazione, il tuo allenamento sarà completo, portando a termine anche l'ultima parte dell'esercizio prima della competizione. Devi preparare corpo e mente per lavorare al massimo. La nutrizione e l'allenamento fisico prepareranno il tuo corpo. La meditazione, la respirazione, e la visualizzazione allenano la tua mente. La combinazione di entrambi ti darà il massimo vantaggio competitivo, che di certo desideri.

CAPITOLO 8: MEDITARE PER IL MASSIMO RISULTATO NEL BODYBUILDING

Meditare per raggiungere il tuo massimo potenziale dipenderà dalla tua capacità di concentrazione su un pensiero o problema e di rimanere concentrato per tutto il tempo necessario a risolvere il problema o fino a quando ti rendi conto di aver raggiunto l'obiettivo. Questo creerà fiducia e convinzione per le attività future che potresti dover realizzare.

Quando mediti e vuoi ottenere i massimi risultati è necessario attenerti alla seguente procedura esatta, ogni volta. Se cambi o elimini qualsiasi passo, finirai per stravolgere l'esito della sessione di meditazione.

Questi passaggi sono:

1°: Trova un posto tranquillo dove non sarai disturbato.

2°: Posiziona un tappetino, asciugamano, coperta, o una sedia su cui prevedi di meditare.

3°: Assicurati di fare un pasto leggero o uno spuntino circa un'ora prima di meditare.

4°: Scegli una posizione in cui starai comodo per l'intera sessione. Questa potrebbe essere: seduto su una sedia, sdraiato su una stuoia, seduto in posizione birmana, Lotus o posizione farfalla, in ginocchio su una stuoia, o qualsiasi altra posizione comoda.

5°: Inizia con un modello di respirazione. Se vuoi calmarti e rilassarti dovresti scegliere di inspirare più aria dentro e poi fuori (a meno che ti non stia facendo meditazione di consapevolezza, dove non si dovrebbe cercare di controllare il respiro, ma invece semplicemente sentire l'aria che entra nei polmoni e poi fuori.). Ad esempio, inspira in 4 secondi e poi espira per 6 secondi. Quando cerchi di eccitare te stesso, perché ti senti troppo rilassato o appena sveglio, devi respirare più velocemente, scegliendo i tempi anticipatamente. Ad esempio, inspira per 5 secondi ed espira per 3 secondi. Ricorda che ogni sequenza di respirazione deve essere ripetuta almeno 4 o 6 volte per consentire alla mente di rallentare ed ottenere uno stato di calma, ottima per la meditazione. Per tutti i modelli di respirazione devi inspirare attraverso il naso ed espirare attraverso la bocca, ad eccezione della meditazione di consapevolezza.

6°: Una volta che hai finito di completare i tuoi modelli di respirazione nel modo spiegato nel capitolo modelli di respirazione, dovresti cominciare a concentrarti su qualcosa che desideri ottenere, raggiungere, o semplicemente immaginare nella tua mente. Focalizzati su questo più a lungo possibile. Le sessioni brevi danno risultati più brevi mentre le sessioni più lunghe tendono a aiutare a mantenere questo livello di concentrazione, anche dopo che hai finito di meditare. Tutti i bodybuilder sanno che quando è il momento di giocare, (soprattutto quando sono sotto pressione), hanno bisogno di rimanere concentrati e devono essere in grado di farlo per un periodo di tempo più lungo, per vincere la competizione. **Questa è la differenza tra i campioni e tutto il resto!**

7°: Questo pensiero deve ora evolvere in un filmato mentale breve o lungo che si creerà nella tua mente per aiutarti a raggiungere ciò che desideri visualizzare, con l'obiettivo di far finalmente accadere quella situazione di vita reale. Sii il più specifico possibile e rimani rilassato durante il processo. Questo settimo punto aggiunge la visualizzazione al processo, ma non c'è niente di sbagliato in questo, e si può solo trarne vantaggio, ma è necessario se si desidera di mantenere le cose abbastanza semplici.

8°: I bodybuilder hanno bisogno di praticare la respirazione per terminare le loro sessioni di meditazione, così fine come hanno iniziato. Se non devi affrontare competizioni, puoi utilizzare un modello di respirazione lenta, come il seguente esempio:

Modello di respirazione lenta normale: Inizia inspirando l'aria attraverso il naso lentamente e contando fino a 5. Poi, rilasciala lentamente contando da 5 a 1. Dovresti ripetere questo processo da 4 a 10 volte finché non ti senti completamente rilassato e pronto a concentrarti. I bodybuilder dovrebbero concentrarsi sulla respirazione attraverso il naso e la bocca per questo tipo di modello di respirazione.

Se invece devi competere nello stesso giorno, dovresti stimolare corpo e mente, utilizzando i modelli di respirazione veloce, come quello qui sotto:

Modello di respirazione veloce normale: Inizia prendendo l'aria attraverso il naso lentamente e contando fino a 5. Poi, rilasciala lentamente contando indietro da 3 a 1. Dovresti ripetere questo processo da 6 a 10 volte finché non ti senti completamente rilassato e pronto a meditare. I bodybuilder dovrebbero concentrarsi sulla respirazione attraverso il naso e la bocca per questo tipo di modello di respirazione.

Per i bodybuilder che stanno facendo meditazione di consapevolezza, le sessioni dovrebbero concludersi, una volta terminata la meditazione, cercando di calmare la mente concentrandosi su un pensiero specifico.

FUNZIONA SOLO SE CI CREDI quindi sii paziente e persistente!

CAPITOLO 9: MEDITARE PER LA FORZA EMOTIVA

La tensione emotiva dietro ogni competizione è travolgente, faticosa, e stancante. Prepararsi a superare lo stress emotivo è molto importante e necessario per oltrepassare gli ostacoli mentali.

Alcuni bodybuilder sono grandi in allenamento, ma cadono a pezzi sotto stress emotivo quando sono in competizione, ma la meditazione può migliorare il tuo approccio a questo tipo di stress. Alcuni urlano, strillano, si lamentano, abbassano la testa, evidenziando una bassa autostima, sembrano stanche o nervosi. Questo è normale in situazioni di pressione, ma può essere un problema facilmente risolvibile attraverso la meditazione. Diamo un'occhiata ad alcuni problemi e relative soluzioni sui quali ti potrai concentrare durante la meditazione.

Perché mi sento insicuro quando sono in competizione?

L'insicurezza esiste per una serie di motivi. Per alcuni, è la mancanza di preparazione a farli sentire incerti del risultato. Per risolvere questo problema dovrai semplicemente prepararti meglio al fine di sentirti pronto alla gara. Non affrontare una competizione se non ti senti pronto.

Per altri, l'insicurezza potrebbe scaturire dal confronto costante con gli altri, invece di concentrarsi sui risultati e migliorare quelli precedenti. Focalizza una situazione nella quale ti sarai migliorato con una preparazione approfondita, quando mediti.

Perché mi arrabbio con me stesso e con gli altri quando sono in competizione?

La rabbia è una reazione comune per molti bodybuilder quando sono sotto pressione e non sanno cosa fare. Altre volte la rabbia può essere un risultato della frustrazione. Alcune persone si arrabbiano con se stesse, altri con gli avversari, molti con persone vicine a loro, e infine con situazioni estranee alla partita sulle quali non hanno alcun controllo.

Quando si medita, si può superare questo problema cercando di concentrarsi sull'accettazione di questo tipo di situazioni estranee sulle quali non si ha un vero e proprio controllo e per ovviare a ciò è possibile unicamente avere un piano d'emergenza. Accetto le condizioni meteorologiche, il rumore, i possibili ritardi e tutto quello che può capitare in una competizione, tutte situazioni che possono avere diverse conseguenze su di te, in base alla tua preparazione mentale.

Ci saranno anche alcune circostanze in cui avrai il controllo e potrai decidere di non arrabbiarti.

Se preferisci non avere distrazioni durante la competizione, puoi sempre chiedere ai tuoi fan, gentilmente, di allontanarsi e gioire con te al momento della vittoria. Se i tuoi sostenitori ti vogliono bene, capiranno la situazione e non ne risentiranno.

Quando ti senti arrabbiato perché non stai facendo una bella partita, la meditazione ti viene in aiuto per a pianificare meglio le cose utilizzando tutto il tempo che hai a disposizione per preparare un percorso o un processo graduale da seguire che ti potrà dare risultati migliori e tu potrai esibire il tuo vero potenziale.

Perché ho così tanta paura durante una gara?

La paura è una delle condizioni più comuni di cui tutti i bodybuilder soffrono. E' un sentimento umano in reazione a una minaccia. La paura si palesa in diverse forme e dimensioni. Alcuni tipi di paura sono basati su eventi o cose che non esistono realmente, ma si creano nella tua mente. Si tratta spesso di circostanze che potrebbero accadere, ma non potrebbero mai accadere a tutti. Ripeto l'ultima parte "potrebbero accadere, ma non potrebbero mai accadere a tutti".

La paura dei risultati futuri è uno spreco di energie e ti scaricherà emotivamente. I risultati futuri sono il risultato di una reale pianificazione e una preparazione adeguata. Concentrandoti su obiettivi che si basano sui futuri risultati, il più delle volte riuscirai a raggiungerli durante la competizione, senza paura.

Ad esempio, se ti concentrerai sull'essere positivo e adattabile, non importa quale sia la situazione, ti aiuterà a superare le condizioni difficili, e molte volte ti porterà ad un risultato positivo, soprattutto perché non hai smesso di credere in te stesso e non ti sei arreso.

La paura può derivare anche da una minaccia attuale, che è di piccola entità, ma se ci pensi costantemente, tenderai ad ingigantire la circostanza e diventerà un problema enorme da affrontare. Non lasciare che questo accada perché la mente non sarà in grado di superare una paura così immensa. Se devi scalare una collina, non pensare al monte Everest, perché vorrai smettere prima ancora di iniziare.

Dai il giusto peso ad ogni circostanza, e nulla di più. Medita e focalizza una sola cosa alla volta, e solo quando avrai finito, passa ad un'altra. Non è necessario analizzare centinaia di risultati, quando ci potrebbe essere l'1% di possibilità che possa realmente accadere.

Quando mediti cerca di vedere te stesso attraverso altri occhi. Usa la tua mente per vedere te stesso così come ti desideri. Ad esempio, puoi scegliere di vedere te stesso come una persona sicura, senza paura, e forte.

Non pensare di esagerare nella tua immaginazione, ma non lasciarti trasportare eccessivamente. Essere troppo sicuri di sé stessi è meglio che essere timorosi, ma non bisogna esagerare. Trova il giusto equilibrio e costruisciti l'immagine nella tua mente quindi provare a vivere quell'immagine su base quotidiana.

Mi sento così nervoso quando sono sotto pressione, perché succede?

Essere nervosi può effettivamente rivelarsi una buona cosa in quanto può avere un effetto positivo sulla tua mente e sul corpo. Come possono i nervi essere una buona cosa? Per alcune persone, il nervosismo può portar fuori il meglio di loro stessi e competere in modo migliore rispetto a quello che normalmente sarebbe. In altre circostanze, il corpo potrebbe innescare adrenalina per migliorare naturalmente i tuoi sensi e le capacità fisiche.

Essere nervosi potrebbe anche causare l'effetto opposto e ti troverai rigido e freddo quando è necessario reagire. Questo è un problema enorme e molto evidente.

Quando mediti dovrai migliorare le tue abilità di respirazione e imparare a controllare il flusso d'aria nel tuo corpo. Questa è una abilità molto utile che ha un potente effetto sul nervosismo e sulle tue emozioni in generale.

Ecco tre cose che puoi fare quando sei sotto pressione:

1. Fai respiri profondi e rallenta la frequenza cardiaca. (la meditazione migliorerà notevolmente questa pratica ed meglio prepararsi per quando si sarà nervosi).

2. Rimani attivo (l'azione opposta sarebbe quella di stare fermo o di "congelarti", che non va bene. Cerca di fare tutto il necessario per essere forte e mantenere la calma. Alcune persone masticano gomma o semi, altri muovono i loro piedi, ascoltano un po' di musica, mentre altri cercano di distrarsi prima di competere leggendo libri o parlando con gli altri. Ci sono molti altri modi per rimanere attivi, ma devi scegliere quello giusto per te.)

3. Pensa positivamente (la meditazione è spesso usata per rallentare i ragionamenti e rilassare il corpo per permette al cervello di concentrarsi su pensieri produttivi

e positivi. Usa la meditazione per aiutarti ad essere più felice praticando il pensiero positivo nelle tue sessioni.)

CAPITOLO 10: MEDITARE PER LA RESISTENZA MENTALE

Che cosa è la resistenza mentale?

Essere mentalmente resistente può significare molte cose, ma per un giocatore di Bodybuilding significa non essere sotto pressione e riuscire a sopraffare lo stress con il potere della mente.

È importante la resistenza mentale?

Sì, è molto importante. Noterai sempre più che il tuo corpo può arrivare fino a certi limiti, e per superarli ti può aiutare solo la mente che prenderà il controllo sul futuro dei tuoi risultati. Essere mentalmente forte ti permetterà di prendere il controllo di questi risultati futuri e di spingerli oltre il limite, grazie agli sforzi compiuti durante la meditazione per la resistenza mentale.

Come posso usare la forza mentale nel Bodybuilding?

Nel Bodybuilding, la forza mentale è una competenza che deve essere sviluppata nel tempo, ma che ti sarà un'amica fedele quando al momento giusto. La tenacia mentale può essere utilizzata in molti modi. Ad esempio, per mantenere la calma sotto pressione. Può anche essere utilizzata per migliorare le prestazioni. Infine, può essere utilizzata per sopravvivere all'avversario quando senti che il tuo corpo è in grado di andare oltre.

Ecco tre esempi di forza mentale che si potrebbe sviluppare nel Bodybuilding durante la meditazione:

1. **Uso corretto del vocabolario mentale.** Molti di noi hanno conversazioni interne e le parole che usiamo hanno un enorme impatto sulle nostre azioni. Dire al corpo "non mollare" è un esempio di vocabolario mentale negativo. Se inciti invece il tuo corpo ad "andare avanti", stai utilizzando un vocabolario mentale positivo. Nel primo caso, il cervello cerca la parole chiave e in questo caso si estrapola la parola "rinunciare", anche se si sta cercando di dire "non mollare". Questo è il modo in cui funziona il cervello. Nel secondo esempio, il cervello sente le parole chiave "andare avanti" e continua in tal senso. Bisogna stare attenti alle parole chiave utilizzate. Tieniti a debita distanza da tutti quei vocaboli che il cervello potrebbe associare ad un pensiero negativo.

2. **Proiezione di un'immagine sicura di te stesso.** Forzando la tua mente a guardare in avanti, le mani a rilassarsi, il tuo viso ad avere un aspetto più calmo e sicuro di sé, e mostrando la competizione si è pronti per tutto ciò che è più avanti, si cambia come la mente si avvicina ogni situazione conflittuale e il vostro potenziale risultati. Questo è vero 10 su ogni 10 volte. Proiettare un'immagine sicuro di te stesso e il tuo cervello si preparano per pensieri fiducioso che creeranno azioni fiducioso.

3. **Vedi in anteprima le tue azioni.** Agire d'istinto oppure compiere un'azione con piena consapevolezza sono due approcci completamente diversi ad una circostanza, ma uno a volte può farti sbagliare, mentre l'altro ti aiuterà a lavorare di più su te stesso. Vedere in anteprima le azioni prima di compierle è simile ad usare la

visualizzazione, ma la differenza è che si creerà nel breve periodo un'immagine mentale di ciò che vorresti fare bene prima di farla. IMMAGINE IMMEDIATA, AZIONE IMMEDIATA. Chiudi gli occhi per 1, 2, o 3 secondi, e se il tempo lo permette aggiungi qualche secondo in più e visualizza te stesso che completa l'azione che stai cercando di realizzare e poi apri gli occhi e fallo veramente. Noterai una maggiore precisione e consapevolezza nell'eseguire l'azione voluta.

Ricorda, quando fai meditazione per la resistenza mentale, stai per praticare le competenze sopra descritte in modo da poterle applicare in condizioni difficili e superare quelle sfide che fanno lottare gli altri.

CAPITOLO 11: MEDITAZIONE PER LA RISOLUZIONE DEI PROBLEMI

Cosa significa meditare per risolvere i problemi?

Beh, se hai un problema, il tuo cervello potrebbe avere la soluzione, ma quando sei occupato a pensare a un milione di cose e a farne altre 10, allo stesso tempo, consciamente o inconsciamente, estrapolarla sarà impossibile. Per rallentare il tue pensiero e calmare le tue emozioni usa le tecniche di meditazione e con la respirazione corretta, e sarà più facile concentrarti su un problema alla volta e trovare alternative o possibili soluzioni per risolvere il problema.

Questo è ciò che la meditazione ti fa fare meglio. Devi riportare le cose ad una semplice idea o pensiero e concentrarti solo su questo. Questi pensieri possono essere semplicemente pensieri o idee positive o potrebbero essere problemi che necessitano di soluzioni.

Quando trovi un momento specifico per meditare, stai contemporaneamente creando anche il tempo per risolvere un problema, e spesso in altre circostanze non avresti potuto dedicare del tempo a questo fine.

E' un altro risultato positivo che molti bodybuilder non considerano mai, non riuscendo a trovare alternative agli errori che non vengono mai corretti, senza la meditazione.

Quali tipi di problemi posso risolvere durante la meditazione?

Qualsiasi problema potrebbe essere analizzato attraverso la mente e a volte troverai una soluzione immediata, altre volte ciò potrebbe richiedere molto più tempo. Il cervello ha la capacità di trovare quello che stai cercando, se ti prendi del tempo per concentrarti su di esso. Il vero problema si verifica quando non si prende il tempo necessario per dedicarsi alla ricerca di una soluzione, dando al problema la giusta attenzione che merita.

Perché dovrei meditare per risolvere problemi importanti?

Come giocatore di Bodybuilding, sei costantemente sfidato e sotto torchio, il che significa che sei costantemente alla ricerca di soluzioni ai problemi che si presentano ogni secondo, minuto o momento. Preparati mentalmente a superare queste difficoltà improvvise e ad affrontare nuove sfide e non affidarti solamente alla fortuna che non potrà essere migliore della tua mente nel risolvere i problemi. Ricorda, "La fortuna arriva a coloro che sono pronti". Sii pronto ed avrai tanta fortuna.

Cinque cose da prendere in considerazione quando cerchi una soluzione:

1. Mai sovrastimare un problema al punto da farlo ingigantire rispetto alle sue reali dimensioni.

2. Concediti sempre la possibilità di riprovare e lascia che la tua mente trovi la soluzione. Potrebbe succedere alla seconda o terza sessione di meditazione.

3. Ogni problema ha una soluzione. Meditare ti aiuterà a cercare una soluzione ad un problema, ma tieni a mente che potresti aver bisogno di qualcuno per risolvere al meglio la situazione, quindi sii abbastanza umile da accettare consigli o cercare aiuto.

4. Non tutti i problemi devono essere risolti. Se qualcosa che ti turba è così piccola che non merita alcuna attenzione, saltala e passa alla roba importante per un maggiore impatto nei risultati.

5. Meditare ti aiuterà a risolvere molti problemi, ma a volte la visualizzazione ti porterà ad un ulteriore passo avanti, che è spesso necessario quando hai bisogno di vedere le immagini mentali di ciò che sta realmente accadendo.

Ricorda, meditare per la soluzione dei problemi è un grande uso che puoi fare della meditazione, ma non l'unico. Usa il tuo tempo saggiamente durante la meditazione, in modo da sfruttare al massimo da la mente quando raggiungere la massima concentrazione di qualità per un intervallo di tempo specifico, e poi se il resto del tempo non sarà più produttivo potrai decidere di terminare la sessione.

COMMENTI FINALI

La meditazione si pone ad un livello superiore dell'evoluzione sportiva, per gli atleti. L'allenamento fisico continuerà ad essere la norma e nuovi e migliori modi di esercizio ti terranno ben impegnato, ma l'evoluzione della mente farà il cambiamento più grande e impattante, negli anni a venire. Gli atleti mentalmente avanzati sono il futuro e tu puoi scegliere se essere uno di loro. Decidi tu! Inizia e vedi gli effetti che la meditazione avrà sulla tua vita.

ALTRI TITOLI DI QUESTO AUTORE

The Ultimate Guide to Weight Training Nutrition: Maximize Your Potential

By Joseph Correa

Becoming Mentally Tougher In Bodybuilding by Using Meditation: Reach Your Potential by Controlling Your Inner Thoughts

By Joseph Correa

www.ingramcontent.com/pod-product-compliance
Lightning Source LLC
Chambersburg PA
CBHW070150080526
44586CB00015B/1924